Nadine Mackenzie

DU SANG BLEU DANS L'OUEST DU CANADA

de Whitewood, en Saskatchewan, à Trochu, en Alberta

1885 - 1914

La nouvelle plume

DU SANG BLEU DANS L'OUEST DU CANADA
de Whitewood, en Saskatchewan, à Trochu, en Alberta
Mackenzie, Nadine

Les Éditions de la nouvelle plume remercient Patrimoine canadien pour le soutien financier apporté à la publication de cet ouvrage.

Maquette de couverture : Noblet Design Group

Mise en page : fastpixel communications

Photos : Collection privée de Louis et Lorene Frère.

© 2014 Les Éditions de la nouvelle plume tous droits réservés

Dépôt légal 2ᵉ trimestre 2014, Bibliothèque et Archives Canada

Les Éditions de la nouvelle plume
3850, rue Hillsdale, bureau 130
Regina (Saskatchewan) Canada   S4S 7J5
306-352-7435
nouvelleplume@sasktel.net
www.nouvelleplume.com

ISBN 978-2-924237-05-2

DU SANG BLEU DANS L'OUEST DU CANADA

de Whitewood, en Saskatchewan, à Trochu, en Alberta

1885 - 1914

par Nadine Mackenzie

REMERCIEMENTS

Les personnes suivantes m'ont toutes encouragée à écrire ce livre. Leur participation ou soutien moral m'ont été des plus précieux lors de l'élaboration du manuscrit. Je les en remercie infiniment :

Au Canada :

Hélène Kalbfleisch; René et Lidia Lemay; Anne-Marie Brusset; Jean-Charles Bou, ancien consul à Calgary; Lorene et Louis Frère, descendants d'Ernest Frère, l'un des fondateurs de Trochu, et historiens locaux; Bill Cunningham, directeur du musée de Trochu; Holly et Tom Frère, du ranch St. Ann; Jacques et Eileen de Beaudrap; Francine Lacasse-Powers, éditrice et Laurier Gareau, historien.

En Turquie :

Nicolas de Magnienville, descendant du baron Hardoin de Reinach-Werth.

En France :

La comtesse Francisque des Garets; l'Association d'entraide de la noblesse française (ANF); le comte et la comtesse Roger Marraud des Grottes; le baron Emmanuel de Montillet de Grenaud; Sabine Garnier, arrière-petite-fille du capitaine Roger de Beaudrap; Annick de Torquat de la Coulerie, épouse du général François de Torquat de la Coulerie– fils du lieutenant François de Torquat de la Coulerie et de Magdeleine de Beaudrap; Hervé de Miniac, membre de la Société des Cincinnati de France; le vicomte Bertrand de Lesquen du Plessis Casso; Claude et Monique Papillard; le comte Gabriel de Rasilly, Chevalier (HD) de l'Ordre Souverain de Malte; Gonzague de Saint-Seine, petit-fils d'un des fondateurs de la Rolanderie; le vicomte et la vicomtesse Pierre du Parc; le marquis du Peyroux; Sophie de Villiers et la Mission du centenaire de la Première Guerre mondiale.

Le contenu de cet ouvrage est basé sur des documents historiques provenant de Bibliothèque et Archives Canada (BAC), des archives des provinces de la Saskatchewan, du Manitoba, de l'Alberta, du musée Glenbow de Calgary, et surtout de la collection privée de Louis et Lorene Frère.

PROLOGUE

Les provinces de l'ouest du Canada ont été peuplées par plusieurs vagues d'immigration constituées de gens de nationalités multiples et d'antécédents divers. La majorité d'entre eux était issue de milieux pauvres et défavorisés. Fuyant la misère, le manque de travail et le marasme économique dans lequel leurs pays d'origine s'enlisaient, ces immigrants tentaient l'aventure dans ce vaste territoire en plein développement. Puisqu'ils ne possédaient rien et n'avaient rien à perdre, pourquoi ne pas jouer le tout pour le tout dans l'espoir d'une vie meilleure? Les conditions de travail difficiles et éprouvantes ajoutées aux méfaits d'un climat rude et dangereux firent que beaucoup de rêves d'acquisition de terres et de fortunes s'écroulèrent rapidement. Pourtant, les plus déterminés persévérèrent et finirent tant bien que mal par se créer une existence plus facile que celle connue précédemment.

Si la plupart des pionniers de la fin du XIXe siècle et du début du XXe siècle atteignirent l'Ouest la tête pleine d'aspirations ou d'illusions, mais les poches vides, d'autres eurent la chance d'arriver d'Europe avec de larges sommes d'argent à leur disposition. Elles leur permirent de s'y établir confortablement. Ces colons, plus fortunés que les autres, se firent bâtir de belles demeures sur les concessions de terres attribuées par le gouvernement canadien et menèrent une vie agréable. Le labeur y avait certes sa place, mais les loisirs étaient aussi très importants.

Tel fut le cas d'un premier groupe d'aristocrates français qui s'installa à partir de 1885 et 1886 dans le sud de la province de la Saskatchewan, près du village de Whitewood. Les gens locaux les surnommèrent « les comtes de Saint-Hubert » à cause du nom de la paroisse qu'ils instituèrent à proximité.

Pour quelles raisons ces jeunes Français, pour la plupart anciens officiers de cavalerie de l'armée, avaient-ils quitté leur pays? Qu'est-ce qui les avait poussés à s'exiler si loin de la France où, somme toute, vu leur milieu social, ils avaient jusqu'alors vécu dans l'aisance et la facilité, sinon le luxe? L'esprit d'aventure jouait, bien sûr, un rôle primordial. Toutefois, leur expatriation résultait des tendances politiques anti-catholiques du gouvernement de l'époque. Une augmentation importante des impôts sur les grandes propriétés terriennes avait ajouté à leur mécontentement. Ces émigrés soutenaient aussi les nouvelles théories économiques et agraires de Rudolf Meyer qui étaient alors très à la mode. Ce dernier, ancien journaliste et écrivain, personnage complexe et notoire, vint en reconnaissance à Whitewood. Satisfait par ce qu'il y découvrit, il incita les jeunes Français à venir s'installer dans la région sous sa direction afin de créer une colonie où ils pourraient vivre en autarcie.

Dix-neuf ans plus tard, en 1904, un second groupe d'aristocrates, en majorité, anciens militaires également, arriva aussi de France et fonda un village qu'ils appelèrent Trochu à une centaine de kilomètres de la ville de Calgary, dans le sud de la province de l'Alberta. Ce nom venait d'Armand Trochu, chef de file de cette communauté. Comme Rudolf Meyer, Armand Trochu avait recruté plusieurs nobles et roturiers argentés désirant quitter leur pays. La situation du gouvernement français envers la question catholique s'était tellement envenimée qu'une loi allait être votée l'année suivante « concernant la séparation des Églises et de l'État », entraînant polémiques et même dissensions violentes. L'armée avait connu un premier scandale avec l'affaire Dreyfus et un second, avec l'affaire des Fiches. Plutôt que d'exécuter des ordres leur posant des problèmes de conscience, certains officiers préférèrent démissionner et rejoindre Trochu en Alberta. Contrairement à Rudolf Meyer fort de ses principes économiques et agraires, Armand Trochu n'avait aucun système à appliquer. Pour lui, tout se résumait au travail rigoureux et aux techniques de survie dans un nouveau pays en plein essor.

Le comte Paul de Beaudrap fut le seul du premier groupe à participer avec le second à la fondation du village de Trochu. Grâce à ses connaissances agricoles acquises précédemment en Saskatchewan, il put apporter un peu d'aide aux néophytes venus de son pays. Beaudrap était arrivé en Saskatchewan avec sa famille quelques années après l'étonnant Rudolf Meyer. Qui était donc ce Prussien protestant, en partie responsable historiquement d'une présence française, aristocratique et catholique dans deux des provinces de l'ouest du Canada?

CHAPITRE 1

RUDOLF HERMANN MEYER

Rudolf Hermann Meyer était né en 1839 près de Berlin. Après avoir obtenu un doctorat en économie de l'université de cette ville, il travailla quelque temps comme journaliste pour *la Revue de Berlin*. Il en devint rédacteur en chef quelques années plus tard. Comme Meyer s'intéressait beaucoup au conservatisme social, ses éditoriaux prirent progressivement des tendances de plus en plus politiques.

Rudolf Meyer devint ouvertement adepte de la théorie de l'abus du travail érigée par Johann Rodbertus, économiste et socialiste allemand de l'époque. Celui-ci vivait des revenus très confortables que lui rapportait la culture des terres de son immense propriété. Il appréciait de loin les remous que provoquait sa doctrine portant sur l'exploitation des travailleurs agricoles dans divers pays d'Europe. On n'a jamais su s'il appliquait les principes qu'il préconisait, car il ne mentionnait jamais la façon dont il traitait ses propres employés dans ses écrits. Rudolf Meyer admirait beaucoup les conceptions agraires de Rodbertus, n'en sachant pas plus que lui sur le travail manuel nécessaire au bon fonctionnement des grands domaines, mais en discourant toutefois avec une autorité déconcertante.

12

En 1874, Meyer s'attira une première fois les foudres d'Otto von Bismarck, chancelier de l'empire allemand, pour avoir soutenu dans *la Revue de Berlin* les déclarations et agissements du comte Harry von Arnim, ambassadeur d'Allemagne en France. Celui-ci s'était déclaré contre la politique de Bismarck et avait même clamé publiquement : *Le prince de Bismarck est un ministre assez modeste : il ne lui faut que trois empereurs et un pape pour obéir à ses ordres et volontés!* [1]

Deux ans plus tard, Meyer publia un livre intitulé *La corruption politique en Allemagne* qui fit scandale. Il y accusait Bismarck de spéculations financières et de manigances politiques et sociales des plus douteuses. Pourtant, fin politicien et grand stratège, Bismarck avait instauré le suffrage universel dans le nouvel empire allemand qu'il avait créé. Il s'était aussi fait le champion des réformes sociales et économiques. Dans son ouvrage, Meyer soulignait aussi que le banquier, le médecin et l'avocat du chancelier pratiquaient tous les trois le judaïsme et que de plus, Bismarck leur témoignait de la sympathie. D'après Meyer, c'était une situation inacceptable.

Ulcéré par les attaques et les insinuations de Meyer, Bismarck le traîna en justice et gagna le procès. Il lui donna alors le choix de passer quatorze mois en prison à Berlin ou de s'exiler. Meyer décida de quitter l'Allemagne et s'installa à Vienne, en Autriche. Là, il écrivit des articles pour le magazine politique et catholique le *Vaterland* bien qu'il fût protestant et ne se convertît jamais au catholicisme. Ce qui représentait un exploit à une époque où l'on ne prêchait guère le rapprochement œcuménique. Avec vigueur et une amertume étonnante, attitude que Meyer conserva toute sa vie, il persista dans ses accusations à l'encontre des systèmes politiques et économiques instaurés par Bismarck. On peut dire qu'il avait de la suite dans les idées et la rancune tenace. Tout en vivant en Autriche, il fit publier en Allemagne un second livre intitulé *La lutte pour l'émancipation du quatrième État* où il donnait un résumé assez clair de sa propre doctrine :

Le salariat aboutit à des résultats semblables à l'esclavage... Les salaires ne peuvent pas s'élever parce que les instruments de production, capital et terres, ne sont pas séparés des travailleurs. [2]

Rudolf Meyer soutenait le parti politique conservateur et catholique social en Autriche. Le catholicisme social s'était répandu en Europe au cours des années 1860-1880 et connaissait alors un certain succès dans les milieux conservateurs, parmi les aristocrates, les grands propriétaires terriens et les industriels de renom. Cette doctrine préconisait une christianisation des masses, visait à bâtir une société humaniste et à établir une véritable justice sociale. Dans ses articles, Meyer recommandait le bon traitement de la classe paysanne et ouvrière tout en se gardant bien d'en côtoyer les membres. Il ne possédait lui-même ni titre ni fortune, mais opportuniste à l'extrême, il ne fréquentait que de grands aristocrates comme le prince de Liechtenstein et le baron de Vogelsang, rédacteur du *Vaterland*. Au cours de voyages entre Vienne et Paris, on rapporta qu'il noua aussi :

...des relations avec plusieurs conservateurs sociaux français, Le Play, de Mun, La Tour du Pin, les comtes de Breda et de Ségur, dont ses correspondants autrichiens peuvent à leur tour profiter, du moins aussi longtemps qu'il reste en bons termes avec eux. [3]

L'Autriche, qui traversait alors une sérieuse crise agricole, imposa un nouvel impôt sur la vente du blé. Considérant ce geste comme contraire aux intérêts du peuple, Meyer fit connaître son opinion sans ambages. On le pria de quitter l'Autriche sur-le-champ. Meyer alla séjourner quelque temps en Suisse où ses idées politiques et économiques ne rencontrèrent aucun écho et d'où il dut déguerpir au plus vite. En 1878, il gagna l'Angleterre et rendit visite à Karl Marx qui vivait en exil permanent à Londres et avec qui il entretint une correspondance. Deux lettres ont été retrouvées :

Karl Marx à Rudolf Meyer, Londres, le 28 mai 1879

...Je serai heureux de vous rencontrer personnellement, ayant fait de vains efforts pour me renseigner au sujet de votre livre Politische Gründer und die Corruption in Deutschland. *Si vous n'avez pas d'engagements préalables, vous pourrez me trouver à la maison demain entre 10 heures du matin et 3 heures de l'après-midi. Je suis, Monsieur, votre obéissant serviteur.*

Signé : Karl Marx [4]

Karl Marx à Rudolf Meyer, Londres, le 7 août 1879

...Je vous renvoie votre livre par la poste... Si quoi que ce soit avance votre départ, auriez-vous la gentillesse de me retourner les volumes des journaux périodiques (ceux de Leipzig et de Paris) en même temps que de me laisser savoir (tout le courrier me sera envoyé de chez moi) si la publication du numéro de janvier (1879) de la Revue mensuelle autrichienne des sciences sociales *sera suivie d'une seconde partie.*

Avec mes meilleurs vœux pour votre avenir et les souvenirs cordiaux de mon épouse et de ma fille Eleanor. Très sincèrement à vous.

Signé : Karl Marx [5]

Les théories de Karl Marx sont à l'origine de l'établissement de régimes communistes dans un grand nombre de pays. D'origine juive, mais élevé dans le luthéranisme par son père qui voulait lui assurer une place dans la société de l'époque, Marx exécrait toute forme de religion, bien qu'il se fût marié à l'église. Il écrivit même :

La religion est le soupir de la créature opprimée, l'âme d'un monde sans cœur, comme elle est l'esprit des conditions sociales d'où l'esprit est exclu. Elle est l'opium du peuple. [6]

Même si ses articles politiques étaient publiés dans les journaux, Marx ne pouvait pas vivre de sa plume et était incapable de subvenir aux besoins de sa famille. Comme il se disait être aussi en mauvaise santé, il vivait de la charité de son ami Friedrich Engels, autre philosophe allemand résidant à Londres. L'épouse de Marx, la baronne Jenny de Westphalie, dut vendre ses bijoux et son argenterie pour nourrir leurs enfants. Karl Marx soutirait aussi de l'argent à sa mère qu'il appelait « la vieille ». Quand elle apprit que son fils écrivait le livre qui devint célèbre par la suite et intitulé *Le capital*, madame Marx lui envoya une lettre où elle mentionnait : « J'aimerais que tu fasses un peu de capital au lieu de te contenter d'écrire à ce sujet! »

Marx se vantait souvent de n'être jamais entré dans un foyer ouvrier sous prétexte que cela sentait trop mauvais. Sa vie privée n'était pas sans reproches. Il séduisit la domestique au service de la famille depuis des années et eut un fils avec elle. Marx eut l'audace de demander à son ami Engels d'endosser la paternité de l'enfant pour ne pas blesser les sentiments de Jenny.

Certaines des idées de Karl Marx et de Rudolf Meyer étaient aux antipodes des unes des autres. Marx rejetait toute possession bourgeoise et méprisait les gens titrés et les riches alors que Meyer les recherchait exclusivement. À première vue, on ne peut pas dire qu'ils étaient faits pour s'entendre. Seuls leurs concepts personnels portant sur le partage des biens et des richesses de la planète semblaient se rejoindre. Mais, avec toutefois la différence que Meyer pensait qu'accorder des salaires aux travailleurs « aboutit à des résultats semblables à l'esclavage ». Marx se disait révolutionnaire au nom de la terre entière. Meyer n'allait pas si loin, se bornant aux réformes agraires et à quelques changements sociaux. Il faut reconnaître toutefois que les opinions de Rudolf Meyer n'étaient pas des plus claires et semblaient même assez inconsistantes.

Après son séjour en Angleterre, Meyer fit un voyage en Amérique. Les questions agraires et économiques de ce pays lui inspirèrent de nouveaux ouvrages tels que *Cause de la concurrence américaine* et *Législation du domaine patrimonial et autres lois aux États-Unis d'Amérique*. En 1881, on le retrouve en Floride :

Rudolf Hermann Meyer pensait que la Floride pourrait être aux États-Unis ce que l'Italie était à l'Europe, à savoir un endroit qui « en quelques années deviendrait le jardin de l'Amérique ». L'assainissement des marécages offrirait de nouvelles possibilités aux régions situées près de la côte. Il pensait aussi que les patients atteints de tuberculose pourraient séjourner en Floride pour améliorer leur état de santé. [7]

À son retour des États-Unis, il s'installa à Paris et connut enfin le succès auquel il aspirait depuis longtemps. Bismarck était détesté en France. Rudolf Meyer, qui avait eu le courage de critiquer le chancelier de fer et avait même dû s'exiler pour ne pas se retrouver en prison, fut accueilli à bras ouverts dans la capitale. On lui pardonnait même d'être protestant. En peu de temps, un groupe de disciples enthousiastes se forma autour de lui. Comme en Autriche, ce fut dans les milieux aristocratiques que Meyer recruta ses adeptes. Il se garda bien de leur révéler ses échanges épistolaires avec Karl Marx. Reconnaître qu'il soutenait certaines des idées de celui qui, en 1844, avait déclaré que « la religion est l'opium du peuple » aurait outragé ces fervents catholiques sociaux. Meyer n'aurait certainement pas été admis dans leur cercle et aurait été banni de la haute société qu'il recherchait à tout prix. Il garda un silence total et prudent au sujet de Marx tout au cours de son association avec les aristocrates français, aussi bien à Paris qu'au Canada.

À Paris, Meyer fut aussitôt invité par ses admirateurs à prendre la parole lors de réunions de travail, fait dûment rapporté dans les magazines, les journaux et les livres de l'époque. Il s'exprimait dans un langage châtié :

Meyer : Permettez-moi de m'excuser de mon inhabilité à manier votre langue et de vous rappeler que le seul coupable est votre président, qui a trop présumé de mes forces et de votre indulgence. [8]

Les articles de Rudolf Meyer étaient régulièrement imprimés et toujours reçus avec grand succès dans la revue *l'Association catholique*, magazine monarchiste, prônant le catholicisme social, et lancé par le comte Albert de Mun. Ce dernier avait déclaré : *L'aristocratie comme 3ᵉ partie neutre doit être les négociateurs de la paix entre les capitalistes et les travailleurs.* [9]

L'Association catholique permit à Albert de Mun d'exposer sa doctrine. Elle avait pour but d'unir les classes sociales dirigeantes et les populations ouvrières, cette union prenant la forme du paternalisme[1]. Il fallait éduquer le monde ouvrier selon l'esprit de l'Évangile et en dehors des aspirations révolutionnaires. Le comte de Mun était également fondateur avec le marquis de La Tour du Pin de L'Œuvre des cercles catholiques ouvriers, association visant à contribuer à la défense des intérêts matériels et moraux des travailleurs. Adhérant à ces idées pourtant à l'opposé de celles de Karl Marx, Rudolf Meyer mélangeait désormais catholicisme social, capitalisme, socialisme, monarchisme et paternalisme. Il se fit des amis et reçut de nombreux éloges :

En France, il (Rudolf Meyer) *crut, quoique protestant, que l'Œuvre des cercles catholiques pourrait faire accepter quelques-unes de ses réformes et il apporta à cette œuvre le concours de son talent et de ses lumières. Il a publié dans* l'Association catholique *des articles remarquables, mais son plan de réforme agricole sera développé dans un livre qui doit paraître au mois d'octobre, écrit en collaboration avec un de ses disciples français...* [10]

Les critiques se montraient bienveillants envers cet auteur prussien nouvellement installé à Paris :

...M. Meyer est aussi connu pour ses beaux travaux économiques... En résumé, MM. Meyer et Ardant (l'un des jeunes rédacteurs de *l'Association catholique*), *font œuvre utile et méritoire en écrivant l'histoire de la propriété terrienne dans tous les pays, au moment où la question agraire est à l'ordre du jour. Pour notre part, nous les félicitons très sincèrement et ne pouvons que les engager à continuer l'œuvre commencée.* [11]

---

1 Paternalisme : doctrine sociale selon laquelle le patron possède seul l'autorité en matière de création et de gestion des œuvres sociales de l'entreprise.

Dès 1882, le gouvernement français avait préconisé la laïcisation des écoles primaires. Peu à peu, les religieuses et les prêtres se virent interdire d'enseigner à ce niveau. Les disciples nobles qui soutenaient les théories agraires inédites de Rudolf Meyer étaient mécontents de cette situation. De leur point de vue, la religion catholique, qui leur était si chère, était bafouée et les bons vieux principes allaient se perdre. De plus, les impôts sur leurs terres et propriétés avaient considérablement augmenté, ce qui allait réduire leur train de vie. L'idée de quitter la France temporairement, d'instaurer une colonie dans un nouveau pays où ils pourraient vivre selon les traditions bien établies avant la Révolution et y pratiquer leur religion comme ils l'entendaient, tenta plusieurs d'entre eux. D'ailleurs, les journaux préconisaient d'émigrer au Canada, surtout dans l'Ouest, et recommandaient aux familles :

...possédant des capitaux actuellement improductifs, jouissant les unes du prestige de la noblesse, les autres de la fortune, d'acquérir des domaines qu'elles coloniseraient avec des fermiers, des paysans choisis sous la direction d'un membre de la famille. Ce membre ne serait pas nécessairement rivé au sol du nouveau monde; le sort des familles seules qu'il aurait déplacées serait définitivement arrêté. [12]

Aucun membre du cercle aristocratique qui entourait Meyer n'avait jamais séjourné ou travaillé en Amérique du Nord, mais qu'importait! Avec de l'enthousiasme, de bonnes idées et de l'argent, ils étaient sûrs de pouvoir réaliser de grandes choses dans ce pays neuf et prometteur

Rudolf Hermann Meyer

CHAPITRE 2

ARRIVÉE EN SASKATCHEWAN

Rudolf Meyer fit un premier voyage en Saskatchewan en 1884 ou 1885, les documents historiques ne s'accordent pas au sujet des dates. Il était alors accompagné d'un jardinier appelé Émile Renoult et du jeune comte Yves de Roffignac. La présence du jardinier montre que Meyer avait besoin de ses connaissances et opinions pour sélectionner un endroit où établir la future colonie française. Rudolf Meyer mentionna plus tard avoir été conseillé dans le choix de la vallée Pipestone, au sud-est de la Saskatchewan, à la limite territoriale avec la province du Manitoba, par John Pope, alors ministre des Chemins de fer et par William van Horne, chargé des travaux de construction du chemin de fer canadien. On ne sait pas s'il les rencontra en personne ou s'il leur écrivit.

Meyer, Renoult et Roffignac explorèrent la vallée Pipestone qui répondait à tous leurs critères d'établissement d'une communauté agricole. Cette vallée se trouvait à proximité du village de Whitewood (bois blanc) dont l'appellation soulignait la présence de nombreux peupliers blancs. Whitewood était alors en pleine expansion, car depuis trois ans, le chemin de fer Transcontinental qui reliait le pays d'un océan à l'autre s'y arrêtait régulièrement. Le village était situé à cent soixante-quinze kilomètres à l'est de Regina. Cette petite ville portait depuis peu ce nom pour remplacer l'ancien, Pile of Bones (tas d'os). Ce sobriquet lui avait été attribué des années auparavant par les Autochtones de la tribu des Cris. Lors des chasses au bison, ils y abandonnaient les carcasses d'animaux après les avoir dépecés pour emporter les morceaux de choix. Pile of Bones faisant rire les gens, on l'avait changé par Regina, signifiant reine en latin, pour honorer la reine Victoria.

Au cours de sa première visite, Meyer fit des demandes de *homestead* auprès du gouvernement canadien. C'étaient des titres de propriété attribués aux colons désirant défricher des terres pour en vivre dans l'Ouest. *L'Acte des terres du Dominion* accordait alors des terres pour dix dollars, somme représentant les frais d'administration. Ce système était copié sur celui des États-Unis, mais le Canada y avait apporté des modifications qui permettaient aux pionniers d'acquérir les terres avoisinantes en versant une autre somme. Ils pouvaient ainsi doubler ou tripler leur propriété initiale. La majeure partie des terres assignées à Meyer et à ses disciples était sur les terrains qui avaient été réservés à la compagnie du chemin de fer Canadien Pacifique, responsable de la construction des lignes ferroviaires à travers le pays. La colonie française reçut également des terres supplémentaires de la part du gouvernement canadien pour chaque nouveau membre qui s'établissait à proximité.

Environ une année plus tard, au printemps de 1885 ou de 1886, Meyer, Roffignac et Renoult revinrent s'établir en Saskatchewan. Cette fois, Meyer était accompagné de son épouse qui était aussi sa cousine. On ignore toujours les prénoms et nom de famille de la femme de Meyer et à quel endroit ils s'étaient mariés. Madame Meyer obtint aussi des titres de propriété de terres qui s'ajoutèrent à celles de son mari. Ils eurent, paraît-il, un fils, Otto-Heinrich Meyer. On ne sait rien de plus à son sujet, aucune autre mention n'ayant été retrouvée dans les documents officiels.

Sur les terres nouvellement octroyées, Meyer fit construire une large demeure qu'il baptisa « La Rolanderie ». Un charpentier, également marchand de bois à Whitewood, fournit les matériaux et bâtit la maison avec l'aide d'employés locaux. Meyer fonda « La Rolanderie Stock Raising Society », qui était une société anonyme. Ce genre de compagnie est une association commerciale regroupant les capitaux représentés par des actions transmissibles. Les noms des propriétaires, engagés à concurrence de leur apport financier, restent inconnus du public. Néanmoins, on apprit plus tard que le membre le plus important de la société anonyme de Meyer était un certain Henri Lorin, propriétaire du château de La Rolanderie, à Maule, dans les environs de Paris. Il avait personnellement fait don de cent mille francs à Meyer, somme considérable pour l'époque, afin de couvrir les premiers frais encourus lors de l'établissement de la communauté française en Saskatchewan.

Issu de la grande bourgeoisie parisienne catholique et monarchiste, Henri Lorin était l'un des principaux fondateurs du catholicisme social avec René de La Tour du Pin et Albert de Mun, tous deux amis de Rudolf Meyer. Après avoir épousé une riche veuve plus âgée que lui, Pauline de Belcastel, Lorin avait acheté le château de La Rolanderie, bâtisse de la fin du XVIIIe siècle avec parc et fermes. Très pieux, il était souvent reçu par le pape Léon XIII à Rome. Lorin fut le premier président des *Semaines sociales de France*, qui étaient et sont toujours des séances de réflexion et de recherches. S'intéressant aussi aux problèmes économiques de la classe ouvrière, il avait inventé le terme de « salaire vital ». Son aide financière fut très appréciée, car le nom même de son château fut repris pour baptiser non seulement la demeure bâtie près de Whitewood, mais aussi toutes les terres qui l'entouraient. Il a été aussi suggéré, mais il n'existe pas de preuve écrite, que Lorin avait imposé le nom de La Rolanderie en échange de l'argent octroyé. Par la suite, la grande maison de Meyer servit également de résidence temporaire aux aristocrates avant leur installation dans la région et aux officiels du chemin de fer alors de passage.

Roffignac habita d'abord à La Rolanderie avec Rudolf Meyer. Il a été décrit comme : *Plein d'allant et d'enthousiasme juvénile, ambitieux mais d'esprit peu réfléchi.* [1] La première famille qui vint vivre à La Rolanderie fut la famille Le Bidan de Saint-Mars avec ses huit enfants. Leur séjour fut très bref. On ne sait si elle retourna sur le champ en France, après avoir eu la vision de ce qui l'attendait, ou si elle partit s'installer dans un autre endroit du Canada, ou même aux États-Unis.

En 1887, arrivèrent successivement le comte Jean de Jumilhac et son épouse, le comte Henri de Veyre de Soras, André de Gamay ou Gagnay et le comte et la comtesse Xavier-Jules de Beaulincourt avec leurs enfants. Robert Wolff vint les rejoindre. Roturier, mais très riche, il était apparenté non seulement à la famille Pleyel, célèbre pour la fabrication et la vente de pianos et clavecins, mais aussi à la famille Michelin, inventeurs des pneus du même nom. Ils logèrent tous provisoirement à La Rolanderie, sauf les Beaulincourt. La présence d'un certain monsieur de Miniac fut mentionnée aussi, mais il ne resta pas très longtemps. Nous ne savons toujours pas où il se situe sur les arbres généalogiques des familles de Miniac qui vivent toujours en France, à Saint-Pierre et Miquelon et au Canada. Des abris rudimentaires furent construits rapidement sur les terres de La Rolanderie pour y abriter les serviteurs qui accompagnaient leurs maîtres.

Le comte de Jumilhac dessina lui-même les plans de sa future résidence qui fut bâtie une année plus tard et baptisée « Richelieu », l'un des noms des illustres familles dont il descendait. Il avait vu grand. La maison de briques se révéla splendide. On rapporta que les escaliers étaient la réplique de ceux de son château en France. Un couple de domestiques arriva avec leurs trois petites filles, Pauline, Célie et Marie-Fernande, pour servir les Jumilhac.

Le comte de Beaulincourt et sa famille s'installèrent à Whitewood dans une maison de dimensions plus modestes que celle des Jumilhac. Artiste à ses heures, Beaulincourt peignit grandeur nature un Indien portant arc et flèches sur l'un des murs de l'escalier principal de sa demeure. Le foyer des Beaulincourt fut le site des services religieux jusqu'à la construction de l'église Saint-Joseph en 1890, dans la nouvelle paroisse de Saint-Hubert.

À proximité de La Rolanderie, Roffignac se fit lui aussi construire une grande maison sur une colline. Il la baptisa « Bellevue » à cause du panorama montrant la rivière Pipestone et la vallée dans toute leur splendeur. Toutefois, elle fut appelée localement « maison blanche », vu la couleur dont elle avait été peinte. Roffignac y accueillit le comte Joseph de Pradal de Farguettes et le vicomte Joseph de Langle. Ce dernier se promenait toujours dans les champs, accompagné de son valet ou de son cocher, car il n'aimait pas la solitude. Arrivé célibataire au Canada, il retourna quelques mois plus tard en France où il se maria. Il ramena ensuite sa femme en Saskatchewan.

Tous ces nouveaux venus, accompagnés de leurs domestiques et palefreniers, apportèrent avec eux un grand nombre de malles contenant vêtements et objets de première nécessité. Leur confort étant très important, ils firent aussi venir de France d'importants déménagements comprenant meubles, linge de maison, vaisselle, tapis, lustres et calèches. Et dans la foulée, leurs animaux préférés. *The Whitewood Herald* imprima :

Des pur-sang et des chiens vinrent également de France avec tout l'équipement nécessaire et les plus beaux accessoires. Les aristocrates montaient beaucoup à cheval. Ils conduisaient également leurs équipages sur les pistes des Prairies battues par le vent. C'étaient d'impeccables charrettes anglaises (petites voitures hippomobiles à deux roues) que l'on aurait pu voir au Bois de Boulogne, tirées par des chevaux fringants et bien brossés. Le seul observateur était peut-être un chien de Prairies, curieux près de son trou, ou un aigle survolant nonchalamment les Plaines dans le vaste silence. [2]

On peut ajouter que les attelages traversant les champs devaient aussi susciter la curiosité des coyotes cachés prudemment derrière les arbres et les buissons.

Une autre famille arriva de Belgique : le baron van Brabant, son épouse Mathilde, leurs trois enfants, Rachelle, Suzanne et Octave, âgés respectivement de vingt, dix-huit et dix-sept ans. Le frère du baron les accompagnait. Ils s'installèrent tous provisoirement dans une petite maison située près de Richelieu avant d'aller vivre dans une plus grande demeure. On ignore toujours les prénoms des deux barons.

La liste des noms des aristocrates venus de France s'allongea progressivement et allait compter finalement : le vicomte Alphonse de Seyssel-Sothonod qui vint avec sa femme, ses quatre garçons et quatre filles; le comte Maximilien de Chauveau de Quercize; Émile Jannet, sans titre, mais avec beaucoup d'argent, décrit comme grand et blond, avec d'excellentes manières. Fils d'un important négociant en champagne, il n'avait malheureusement pas hérité des talents de gestionnaire de son père qui était en relations d'affaires et d'amitié avec diverses famille nobles de toute la France; Guillaume de Rotz de la Madelaine; la nouvelle femme de Roffignac, née Germaine de Salvaing de Boissieu. Les derniers à arriver furent les cousins de madame de Roffignac, le comte et la comtesse Paul de Beaudrap. Leur séjour au Canada avait très mal commencé, marqué par le décès de leur petit garçon appelé Joseph, âgé d'un an seulement. Il succomba à une pneumonie attrapée lors du voyage en bateau jusqu'à Montréal. On n'a retrouvé aucune liste portant les noms des domestiques et des employés de ferme.

Roturier sans fortune (sauf l'argent donné par Henri Lorin), mais toutefois titulaire d'un titre universitaire, Rudolf Meyer se présentait toujours et partout comme le « docteur Meyer ». Cela entraînait la confusion dans les esprits locaux. Les pionniers de diverses nationalités pensaient qu'il était médecin et trouvaient étrange qu'il ne pratiquât pas ou ne montrât aucun intérêt quand ils lui parlaient de leurs problèmes de santé.

L'arrivée de ces Français d'un milieu social totalement différent de celui des gens déjà établis dans la région provoqua une grande curiosité. Meyer exprima plusieurs fois par écrit son inquiétude quant à la sécurité de ses colons. Il pensait alors que le détachement local de la Police montée situé à Moosomin n'était pas assez important pour protéger les habitants de La Rolanderie, de Richelieu et de Bellevue contre les attaques éventuelles des Autochtones vivant dans les parages. Meyer craignait aussi le vol du bétail et des animaux de La Rolanderie. Dans ses lettres adressées au gouvernement canadien, il insinua que les nobles pionniers retourneraient dans leur pays ou iraient même s'installer aux États-Unis si la situation n'était pas rectifiée au plus vite par les responsables de la Police montée du Nord-Ouest. On lui répondit sur un ton courtois des plus apaisants, mais rien ne changea.

Installés en Saskatchewan avec titres de propriété de terres et maisons spacieuses et confortables, les aristocrates français, débordant d'imagination et d'ardeur, mirent successivement sur pied plusieurs sociétés. Ils espéraient que les revenus qui allaient en découler rempliraient les caisses de leur colonie. Ils établirent aussi des fermes aux alentours de La Rolanderie, de Richelieu et de Bellevue, pensant vivre des produits du terroir. L'avenir était à eux.

Emile Jannet

CHAPITRE 3

PROJETS ET DÉBOIRES

Après avoir acheté des charrues et des bœufs pour défricher les terres et confié les premiers travaux des champs à des pionniers locaux, Roffignac, Farguettes et Langle s'associèrent pour monter un élevage de chevaux. Le but était qu'une fois les animaux bien dressés et entraînés, ils les vendraient à la cavalerie de l'armée française. Farguettes et Langle avancèrent les fonds. Comme il avait investi beaucoup d'argent dans la construction de sa demeure, le jeune Roffignac se contenta d'apporter ses connaissances équines et équestres. Pour établir leur haras, les trois hommes achetèrent plus de cent trente juments et une quinzaine d'étalons à Pascal Bonneau. Ce dernier, originaire du Québec, avait travaillé à la construction du chemin de fer et s'était ensuite installé dans la région de Willow Bunch, à cent quatre-vingt-dix kilomètres au sud-ouest de Regina. Il y avait établi l'un des plus grands ranchs d'élevage de bétail de l'Ouest et s'était aussi procuré plus de deux cent cinquante chevaux dans le Dakota du Nord pour en faire le commerce. Roffignac, tout heureux de jouer au cow-boy, alla chercher les cent quarante-cinq chevaux et les ramena à La Rolanderie avec l'aide de plusieurs ouvriers agricoles de la région.

Quelque temps plus tard, Roffignac, Farguettes et Langle acquirent soixante-cinq juments supplémentaires qu'ils firent venir cette fois des environs de Pincher Creek, dans le sud de l'Alberta. Malheureusement, les relations entre les trois partenaires se détériorèrent rapidement, envenimées par le problème constant du manque de personnel pour s'occuper des chevaux. La gestion des écuries en pâtissait sérieusement. André de Gamay, féru également d'équitation, aurait aimé se joindre à l'entreprise, mais voyant l'atmosphère orageuse qui régnait au sein du haras, décida prudemment et sagement de ne pas y investir de capitaux. Un an plus tard, l'affaire tourna court. La société fut dissoute, avec pour résultats le départ temporaire de Roffignac pour la France et celui définitif de Farguettes gravement blessé à la jambe, sans doute au cours d'un accident d'équitation. On a mentionné qu'un procès entre les trois anciens associés se déroula plus tard en France, mais nulle information n'a été retrouvée à ce sujet. Aucun des propriétaires du haras ne parla ouvertement de leur désaccord. Ayant racheté à Farguettes ses parts dans la société, Langle resta l'unique propriétaire des chevaux qu'il vendit progressivement. Il ne fut plus question d'approvisionner en chevaux l'armée française. Ce fut le premier échec.

En 1888, le comte de Jumilhac se lança dans l'élevage de moutons en compagnie d'Henri de Veyre de Soras et de Robert Wolff :

Le comte de Jumilhac acheta 600 moutons à 4 dollars la pièce dans un ranch près de Calgary. Il engagea un Écossais du nom de Robert Harkess qui travaillait dans le ranch avec son chien, pour ramener les animaux par train et ensuite par les pistes de Moose Mountains. Plus tard, Jumilhac envoya Harkess dans l'Est acheter des béliers et des brebis. [1]

Robert Harkess parla toutefois de manière satisfaisante de son travail, car il fut l'un des rares employés à être payé décemment :

J'ai travaillé pour le comte de Jumilhac pendant 4 ans. Nos relations étaient toujours cordiales. J'étais payé en argent liquide, 30 dollars par mois pour commencer, plus tard, un peu plus. Le comte habitait en ville (à Whitewood), *mais venait de temps en temps inspecter le ranch. Un jour, il m'a trouvé avec mon chien colley à garder les moutons par un temps froid et venteux. Il m'a donné l'ordre de rentrer à la maison - Laissez les moutons se débrouiller seuls, m'a-t-il dit - ce n'est pas un temps à mettre un chien dehors! Mais moi, je suis resté avec mes moutons.* [2]

Pour s'occuper des troupeaux qui s'agrandissaient, Jumilhac, Soras et Wolff firent appel à deux autres pionniers écossais, John et Thomas Hutchinson, ainsi qu'à un Australien du nom de William Mackenzie. Ils s'installèrent dans une petite maison située près de Richelieu. Mais bientôt, Wolff, lassé de l'élevage des moutons qu'il ne trouvait pas intellectuellement stimulant, repartit pour quelque temps en France. L'entreprise continua cahin-caha.

À cette époque, Whitewood était un endroit des plus cosmopolites de l'Ouest et comptait des pionniers scandinaves, écossais, hongrois, anglais, irlandais, roumains, italiens et tchèques. L'endroit était devenu une vraie Tour de Babel. Pourtant, le manque de main-d'œuvre à La Rolanderie était un problème constant et crucial pour la nouvelle communauté francophone, car les salaires qu'on y versait étaient bas. Si Meyer appliquait à la lettre sa théorie disant que « le salariat aboutit à des résultats semblables à l'esclavage », les employés ne devaient pas être payés bien cher. Pourtant, ils travaillaient fort puisqu'on a rapporté dans le journal *The Colonist* de Winnipeg, que les aristocrates avaient déclaré « que la main-d'œuvre locale en Saskatchewan travaillait deux fois plus que celle en France ». Les serviteurs, qui avaient accompagné les Français, n'avaient jamais œuvré dans les champs. Ils ne possédaient guère plus de connaissances que leurs maîtres quant à l'agriculture ou à l'élevage. Ils faisaient toutefois de leur mieux.

Une des choses positives alors écrites au sujet de Meyer et de ses adeptes est qu'ils n'utilisèrent jamais de fertilisants dans les champs. On peut dire que les fermes de La Rolanderie, de Bellevue et de Richelieu étaient en avance sur leur époque. Les produits provenant de leurs terres étaient entièrement biologiques.

Meyer n'était guère aimé ou apprécié par les gens locaux qui le trouvaient prétentieux, arrogant et même parfois franchement désagréable. Les pionniers des environs, qui étaient arrivés avant l'établissement de La Rolanderie, n'avaient jamais entendu parler de lui et de ses ouvrages portant sur les réformes agraires. Ses doctrines sociales et économiques les auraient laissés complètement indifférents. Les opinions de Meyer ne les auraient nullement passionnés, pas plus d'ailleurs que le paternalisme français. Quand on défriche des terres pour survivre, on n'a guère de loisirs. La provenance du prochain repas a beaucoup plus importance que les discussions politico-socio-économiques découlant des problèmes entre le prolétariat et le capitalisme. C'étaient des sujets alors très discutés en Europe au sein des cercles d'intellectuels et pseudo-intellectuels, mais complètement ignorés dans l'Ouest du Canada.

Par insinuations répétées, Rudolf Meyer réussit à faire croire aux habitants peu méfiants de la région tout ce qu'il n'était pas. Dans son livre intitulé *Les Français dans l'ouest canadien*, l'historien, Donatien Frémont, écrivit même que :

Leur chef, le docteur Rudolf Meyer, alsacien de haute distinction, né près de Mulhouse, était de mentalité nettement française et catholique. Sa famille, riche et considérée, était restée au pays après 1871. Maire de sa commune, lui-même occupait un poste administratif important. Mais à la suite d'un revers de fortune, il dut liquider tous ses biens et décida de passer en France. [3]

N'étant pas à un mensonge près, Meyer sous-entendait fréquemment qu'après avoir été maire de son village (sans jamais préciser lequel), il avait travaillé comme régisseur au château de La Rolanderie appartenant à Henri Lorin. Beaucoup de gens se rendaient vite compte en bavardant avec lui qu'il ne connaissait pas grand-chose au travail de la terre, mais se retranchait derrière de beaux discours. À un homme qui se renseignait par écrit auprès de lui sur les possibilités de travail dans l'Ouest canadien, Meyer avait répondu qu'il fallait au moins posséder la somme de six cents dollars. Ce qui représentait beaucoup d'argent pour un futur pionnier. Il recommandait également d'avoir de l'expérience en agriculture, en maçonnerie et en ferrage des chevaux de trait. Ces connaissances, soulignait-il, étaient primordiales, sinon la dépendance envers les voisins s'instaurait, ce qui représentait une situation déplorable. Cette réponse était des plus cyniques, car Meyer ne mettait jamais la main à la pâte sur les terres de La Rolanderie, se contentant de donner des ordres et des suggestions souvent contradictoires. Une anecdote qui montrait son manque de sens pratique fit bien rire les gens. Une employée lui avait donné gentiment quelques œufs fraîchement pondus. Ne sachant qu'en faire, il les fourra en vrac au plus profond de la poche de son manteau avec les résultats que l'on peut imaginer.

Rudolf Meyer se plaignit souvent auprès des représentants du gouvernement d'Ottawa que les pionniers qui arrivaient en Saskatchewan étaient bien trop pauvres. Il suggéra plusieurs fois que le gouvernement les aidât davantage. Meyer ne côtoyait que des gens riches ou à l'aise financièrement. Malgré ses théories de partage et de justice sociale, la pauvreté parmi les petits fermiers et pionniers des environs de Whitewood l'irritait beaucoup ou le dégoûtait même. Il se montrait également très critique envers ceux qui, après avoir obtenu des terres, n'y construisaient que des abris rudimentaires, comme les petites maisons de terre, faute d'argent, et semaient le minimum de graines pour récolter juste de quoi vivre. Traitant ces gens de spéculateurs, il leur reprochait de s'approprier les terres les plus fertiles au détriment de ceux qui, comme ses adeptes ne songeaient qu'à vivre en autarcie. D'après Meyer, il fallait tout faire sur une grande échelle ou s'abstenir totalement.

Au printemps de 1889, Rudolf Meyer retourna définitivement en Europe. On suppose qu'il repartit avec femme et enfant, mais les écrits de l'époque restent muets à ce sujet. Les raisons de son départ ne furent jamais explicites. Sans doute s'était-il lassé de la Saskatchewan et de la communauté francophone et avait-il pressenti d'autres échecs à venir. Il semblerait qu'au moment de son départ, il était toutefois en bons termes avec ses disciples. Rien ne transpira. Il n'y eut aucune critique. La bonne éducation prévalut. Le jardinier, Émile Renoult, qui était arrivé avec Meyer, resta à Whitewood où il travailla pour un Québécois du nom de Benjamin Limoges, propriétaire du magasin général du village. Par la suite, Renoult revint régulièrement à La Rolanderie pour aider Roffignac. Sans aucun regret et même avec grand soulagement, les gens locaux virent Meyer quitter les lieux.

Rudolf Meyer alla vivre en Autriche où, se targuant de son expérience au Canada, il exerça pendant quelque temps les fonctions de consultant en agriculture auprès de grands propriétaires terriens de Bohème et Moravie, les abreuvant de conseils et de recommandations. Pourtant, ses théories ne s'étaient pas concrétisées en exemples remarquables en Saskatchewan. Plus tard, revenant ouvertement à la doctrine et aux préceptes de Karl Marx, il se remit à écrire des articles pour le magazine politique et catholique le *Vaterland* et pour un journal marxiste, sans se préoccuper outre mesure de la disparité de ses idées. Otto von Bismarck fut contraint de démissionner par le nouvel empereur Guillaume II en 1890. Meyer put alors retourner vivre en Allemagne. Il décéda à Dessau, en Saxe-Anhalt, en 1898.

Quand Meyer quitta La Rolanderie, la propriété était immense et comptait encore du bétail et quelques chevaux. On nomma Yves de Roffignac gérant des lieux. Puisqu'il n'avait pas eu de chance avec l'élevage de chevaux, mais bouillonnait toujours d'idées, le jeune comte décida de se lancer dans celui des porcs. N'ayant aucune connaissance au sujet des porcins et pressé de retourner en Europe, il ne pensa pas à faire semer blé, maïs, orge ou colza pour récolter des quantités adéquates de céréales et de graines pour nourrir les bêtes.

Le 16 septembre 1890, à Cherchell, en Algérie, Roffignac épousa Germaine de Salvaing de Boissieu qu'il ramena quelques mois plus tard à Bellevue, en compagnie de la femme de chambre de son épouse et d'un nouveau valet pour lui-même. La fortune de la jeune femme lui permit de redorer son blason. L'arrivée de Germaine de Roffignac fit sensation. Lors d'un voyage au Canada, Léon de Tinseau, romancier mondain parisien, qui passa quelques jours à La Rolanderie, écrivit ses impressions, non seulement sur les lieux, mais aussi sur le jeune couple et la nouvelle comtesse :

De l'eau et du bois... deux trésors inestimables. Le jeune et très accompli gentilhomme français qui dirige l'exploitation de La Rolanderie, déjà beaucoup plus que naissante, l'a bien compris le jour où il est venu s'installer dans cette maisonnette de bois qui vous prend des airs de château quand on y est reçu par le comte de Roffignac... Que serait-ce maintenant qu'on y est reçu par la plus aimable, la plus distinguée et la plus vaillante des jeunes Françaises, dont les danseurs des deux rives de la Seine se disputaient encore les 'cotillons' (danses qui terminaient un bal) à l'heure où j'écris ces lignes? Certes, Madame, il faut être doublement courageuse pour promener le flot d'or de votre chevelure à portée du tomahawk indien. Jamais il n'a conquis de trésor pareil. Heureusement qu'il se rouille sous le gazon touffu de la Prairie. [4]

Lors de l'absence de Roffignac, Guillaume de Rotz de la Madelaine, âgé de vingt-trois ans, avait pris sa place pour diriger Bellevue et gérer les autres propriétés de La Rolanderie. Il n'avait aucune expérience administrative ou agricole. À son retour, Roffignac l'accusa d'avoir si mal régi les biens et possessions de la communauté française que la société anonyme de La Rolanderie se trouvait alors au bord de la faillite. En France, les actionnaires furent loin de s'en réjouir. Quelque temps plus tard, le père de la nouvelle madame de Roffignac vint rendre visite à sa fille. Le comte de Salvaing de Boissieu fut effaré par l'état des finances de La Rolanderie, mais décida toutefois d'aider son gendre qui se montrait toujours optimiste malgré les vicissitudes.

Grâce aux capitaux fournis généreusement par des membres de sa famille, ainsi que par des amis et connaissances, Roffignac fonda alors une nouvelle société appelée cette fois « Rolanderie Farming and Stock Raising Company » en mars 1891. La nouvelle liste des actionnaires au Canada et en France fut imprimée dans le journal Le Manitoba du 29 avril 1891. Elle contenait, entre autres, les noms suivants : Henri de Roffignac (frère du comte Yves de Roffignac) et un dénommé Martial de Roffignac, sans doute un cousin, car il n'avait pas d'autre frère; le comte de Salvaing de Boissieu; le comte de La Lande; la vicomtesse de Béranger; mademoiselle Dinaux des Arsis; monsieur Dinaux des Arsis, lieutenant de cavalerie; monsieur de Saint-Sauveur-Bougainville, lieutenant de vaisseau; le baron Roland de Blonsac; le comte André de Ganay; la comtesse de Chabrillan; le marquis de Montault; et mademoiselle de Thury dont le prénom ne figure pas dans la liste. Le marquis du Peyroux, qui vit actuellement dans un manoir en Bretagne et compte des Thury parmi ses ancêtres écrivit à l'auteure de ce livre qu'il croyait avoir identifié avec quelques certitudes la demoiselle de Thury, actionnaire de la société « La Rolanderie Farming and Stock Raising Company » : *Il fallait qu'elle soit majeure en 1891, suffisamment libre de ses biens, et de plus, étant sans prénom, qu'elle soit la fille aînée de l'aîné de la famille. Il n'y a qu'une seule personne répondant à ces exigences, Mathilde de Thury, née en 1853, héritière de son père en 1889, mariée au marquis d'Espinay Saint-Luc, fille unique du chef de famille.*

Ces renseignements représentent des éléments historiques intéressants concernant une époque où les femmes, sauf quelques exceptions comme celle de Mathilde de Thury, ne pouvaient pas gérer leurs avoirs ou leurs héritages elles-mêmes.

Les nouveaux actionnaires de France étaient tous en faveur du catholicisme social. Toujours fidèle à la cause, Henri Lorin, actionnaire de l'ancienne société, avait ajouté son nom à la nouvelle liste. Les principaux propriétaires au Canada étaient les mêmes pionniers aristocrates mentionnés sur la liste de l'ancienne société.

À La Rolanderie, on se trouva subitement confronté à un grave dilemme. Les porcs n'avaient plus rien à manger, vu que rien n'avait été planté pour assurer leur alimentation. Le marché des porcs était aussi à son point le plus bas. On rapporta localement. *...L'élevage des porcs se faisait aussi sur une assez grande échelle, mais cette entreprise eut moins de succès au point de vue financier. Mauvaise direction, dirent les uns, exportation difficile, dirent les autres, peut-être les deux à la fois. En tout cas, loin de tout centre commercial important de consommation. La vente pour la viande était à peu près nulle dans une contrée où la population était très éparse...* [5]

Roffignac ne put obtenir d'aide des fermiers des environs qui avaient eux-mêmes juste de quoi nourrir leurs bêtes. Le jeune comte décida simplement d'égorger tous les cochons pour s'en débarrasser. Le problème qui se posa alors était celui de la conservation de la viande. Il était impossible de trouver des saloirs en nombre suffisant pour la traiter. Les maîtres de La Rolanderie, de Bellevue et de Richelieu se réunirent avec serviteurs, employés et pionniers de la région pour dépecer les animaux sous la direction d'un boucher de Whitewood. Ils salèrent une quantité de viande pour leur usage personnel et abandonnèrent le reste aux coyotes. L'élevage des porcs n'avait pas été une réussite.

Revenu à Richelieu après un séjour en France, Robert Wolff ne voulut plus rien savoir de son partenariat avec Jean de Jumilhac et Henri de Soras concernant leur élevage de moutons. Soras, resté l'unique propriétaire des bêtes, les fit transporter jusqu'à la montagne de l'Orignal, au sud de Whitewood, dans un nouveau site qu'il appela « Kalenterin ». Pendant quelque temps, les affaires marchèrent assez bien, puis commencèrent à décliner. Soras, à son tour, se lassa des bovidés. Les revenus provenant de la vente de la laine et de la viande des mille cinq cents moutons étaient insuffisants pour justifier les dépenses encourues. Il vendit ranch, terres et animaux et s'installa à Whitewood. L'élevage des moutons fut donc une déconvenue.

Les Français ne se laissant pas abattre par ces événements malheureux et ne manquant toujours pas d'esprit d'initiative et d'idées, décidèrent alors de se lancer dans un nouveau projet. En Belgique, les barons Van Brabant avaient cultivé la chicorée à café. Ils avaient remarqué que la culture de la chicorée à café, variété bisannuelle de la chicorée sauvage, était pratiquement inexistante en Amérique du Nord alors que florissante de l'autre côté de l'océan Atlantique. Dès la fin du XVIIe siècle, son usage comme substitut du café s'était répandu en France et dans plusieurs pays d'Europe du Nord, tels que l'Angleterre, la Belgique, les Pays-Bas et l'Allemagne. L'eau bouillante versée sur les racines séchées et torréfiées de la chicorée à café permettait d'obtenir une boisson moins chère que le café. Ce breuvage était bu comme tel ou additionné d'un soupçon de café. Très résistante au froid, la chicorée à café pouvait être très facilement cultivée en Saskatchewan.

Au printemps de 1890, les pionniers de La Rolanderie firent venir de France et de Belgique des paquets de graines de chicorée à café. Roffignac et les Brabant en donnèrent gratuitement une partie aux fermiers locaux pour les encourager à se lancer aussi dans cette nouvelle culture. Afin de surveiller de près semences et récoltes, la famille Van Brabant entière s'installa chez les Roffignac à Bellevue. Pour ces travaux, on recruta les gens locaux et même les Autochtones qui furent « payés en proportion du travail accompli », comme rapporté dans le journal *The Colonist* en 1890. L'ancien jardinier de Meyer, Émile Renoult, vint également prêter son concours. Après les récoltes, les racines, séchées dans un petit goulet situé à l'est de Bellevue, furent placées dans des torréfacteurs importés à grands frais d'Europe et entreposés à La Rolanderie. Sachant que les Canadiens n'appréciaient guère les boissons à base de chicorée seulement, on y ajouta un peu de café. Le mélange fut mis dans des boîtes en fer blanc pesant cinquante livres chacune et portant des étiquettes indiquant « Bellevue Coffee Brand, French coffee ». La vente de ce produit se révéla des plus décevantes. Les clients se montrèrent fort déçus par le goût de la chicorée dont ils n'avaient pas l'habitude. Ils voulaient boire du vrai café et non un substitut dont la saveur leur paraissait des plus bizarres.

Au cours de l'hiver de 1890, alors que la situation financière de la colonie française était déjà peu brillante, un incendie se déclara à Bellevue, détruisant une grande partie du matériel de torréfaction. Le comte de Jumilhac s'associa aux Brabant pour faire repartir l'affaire. Torréfacteurs, mélangeurs et séchoirs furent remplacés et installés cette fois à Richelieu. Deux ans plus tard, sous le nom de « Richelieu Coffee Brand », des boîtes contenant le mélange de chicorée et café furent mises à nouveau sur le marché et ne remportèrent pas plus de succès que la marque précédente. En 1893, un second incendie eut lieu cette fois à Richelieu. Renoult et le comte de Beaudrap reprirent la société en main pendant quelques mois, le premier par son labeur, le second par une nouvelle injection de capitaux, et se résignèrent à vendre la chicorée sans aucun rajout de café. D'après un article paru dans le *Leader-Post*, l'un des employés, appelé James, rapporta :

La récolte devait être faite à la main, placée dans un séchoir chez le comte de Beaudrap. De plus, nous n'étions guère payés, peut-être 5 sous la livre! [6]

Il ajoutait aussi que les Français faisaient preuve d'ambition envers la distribution de leur nouveau produit, car :

Ils étaient prêts à construire une petite ligne de chemin de fer de Whitewood jusqu'à la fabrique de chicorée avant que l'entreprise s'écroule. [7]

La main-d'œuvre manquait toujours sérieusement. Maximilien de Chauveau de Quercize fut pressenti pour s'impliquer dans l'affaire. La culture de la chicorée ne présentant aucun intérêt pour lui, il déclina poliment l'offre, s'amusant plutôt à élever tout seul quelques moutons. La culture et la torréfaction de la chicorée continuèrent tant bien que mal jusqu'au départ des Beaudrap pour la France, puis cessèrent complètement. La vente de ce produit n'avait pas été un succès.

Roffignac reprit alors à son compte l'une des idées de Rudolf Meyer. Dès 1886, Meyer avait suggéré que les environs de Whitewood pourraient fournir de bonnes récoltes de betteraves à sucre. Le sucre qui venait d'Europe coûtait cher. Meyer avait essayé de convaincre le Département de l'agriculture d'Ottawa que cette culture à grande échelle aurait un excellent avenir au Canada. Il avait même offert les terres de La Rolanderie comme site expérimental d'extraction du sucre, proposant d'y construire une petite raffinerie. Sa proposition était restée sans réponse.

Roffignac se faisait fort d'obtenir des capitaux de France pour lancer cette nouvelle entreprise. Il convainquit quelques fermiers et pionniers des environs de planter eux aussi des betteraves à sucre. Après une distribution générale de graines, une première récolte de betteraves sucrières eut lieu. Un expert vint, paraît-il du Brésil(?) et analysa d'abord le sol des champs qui entouraient La Rolanderie, Bellevue, Richelieu et les petites fermes avoisinantes. Il déclara y avoir trouvé les éléments minéraux et organiques nécessaires à la culture de cette plante. Il fit ensuite d'autres tests sur quelques betteraves produites localement qui se révélèrent positifs quant au taux de sucre récolté. Tout le monde pensait que la culture de la betterave à sucre serait plus profitable que celle du blé rouge de Fife qui succombait au gel alors que la betterave y résistait. Le gérant de La Rolanderie reçut la permission officielle du gouvernement d'importer gratuitement dans le pays des machines à extraire le sucre. Rêvant d'approvisionner en sucre l'Ouest entier, Roffignac et ses associés s'apprêtaient à faire bâtir une raffinerie près de La Rolanderie lorsque le gouvernement revint subitement sur son accord et leur refusa la permission de commercialiser leurs récoltes de betteraves. Les raisons données étaient qu'on pouvait aussi tirer de cette plante des sous-produits contenant de l'alcool et qu'un problème d'alcoolisme sévissait déjà parmi les tribus d'Autochtones de la Saskatchewan. À cette mauvaise nouvelle s'ajouta celle que les capitaux que Roffignac avait espérés de France et qui devaient atteindre la somme faramineuse de cinq cent mille dollars n'allaient plus être versés. Cela mit définitivement un terme à ce projet.

Les aristocrates décidèrent alors de monter une fabrique de gruyère. Ils savaient de quoi ils parlaient, la France ayant la réputation de produire les meilleurs fromages au monde. Ils n'en avaient jamais fait un seul dans leur pays, mais ils allaient apprendre. On ne peut qu'admirer leur bonne volonté, leur entregent et surtout souligner leur optimisme. La fabrique de gruyère devint la responsabilité du vicomte Alphonse de Seyssel-Sothonod et d'Émile Jannet. Ce dernier, fils d'un célèbre et richissime négociant en champagne, recevait régulièrement de grosses sommes d'argent de France, ce qui lui permit d'acheter un large troupeau de vaches. Seyssel-Sothonod et Jannet acquirent aussi les appareils nécessaires et firent même venir de leur pays deux fromagers, François Dunand et un certain monsieur Bajolain dont le prénom n'est pas connu. Les deux spécialistes donnèrent leur avis sans ambages. D'abord, ils trouvèrent le sol trop alcalin pour produire l'herbe de bonne qualité nécessaire aux vaches pour fournir le lait contenant les substances indispensables à la fabrication du gruyère. Ils soulignèrent également qu'en hiver, les vaches en Saskatchewan étaient nourries de foin sec, ce qui nuisait à la spécificité de leur lait. En Europe, les fabricants de gruyère n'utilisaient que le lait de vaches élevées exclusivement dans de riches pâturages. Les jeunes aristocrates passèrent outre ces mises en garde, malgré l'insistance de Dunand :

Avant de construire la fromagerie, je leur avais recommandé de faire analyser le lait... Mais ils répondirent 'Pouf! ...dans ce pays tout est mieux que dans l'ancien'. Et ils construisirent leur fromagerie! [8]

Le premier hiver se révéla si froid que Seyssel-Sothonod et Jannet perdirent une trentaine d'animaux. Le fromage qu'ils produisirent ensuite ayant trop fermenté, était immangeable. Toutefois, il reçut un prix, non pour son goût, bien sûr, mais pour sa couleur bien blanche lors d'une foire agricole à Chicago. Comme ce produit ne pouvait pas être vendu, on arrêta définitivement la fabrication du gruyère. Le troupeau de vaches fut dispersé. Une petite fabrique de brosses et de balais, lancée avec enthousiasme, échoua également.

Malgré leurs déboires commerciaux successifs, les aristocrates français gardaient toujours espoir en l'avenir. Leur vie mondaine ne souffrait guère de l'éloignement géographique dans lequel ils se retrouvaient. De plus, leur vie spirituelle était désormais bien assurée, car ils avaient réussi à établir la paroisse catholique de leurs rêves.

CHAPITRE 4

FONDATION DE LA PAROISSE DE SAINT-HUBERT ET VIE MONDAINE

Les débuts de la laïcisation des écoles en France avaient été la raison majeure de l'expatriation des aristocrates dans l'Ouest. En 1882, le gouvernement français avait sécularisé les écoles primaires et quatre ans plus tard, avait interdit aux religieux d'enseigner dans les écoles d'État. Les aristocrates s'étaient installés en Saskatchewan bien déterminés à pratiquer leur foi catholique et à éduquer leurs enfants suivant les principes religieux et les traditions en vigueur dans leurs familles depuis des siècles. L'établissement d'une paroisse catholique était donc primordial pour eux. Peu de temps après leur arrivée, en compagnie du père Nayrolles, prêtre itinérant qui servait la messe dans diverses petites églises de la région, le comte de Roffignac et les barons van Brabant s'étaient réunis à La Rolanderie avec monseigneur Adélard Langevin, archevêque de Saint-Boniface, au Manitoba. L'archevêque avait reconnu que le nombre de catholiques vivant dans les environs justifiait bien l'établissement d'une nouvelle paroisse avec construction d'une église et présence permanente d'un prêtre. Il fut aussi décidé que les terres avoisinantes seraient désormais attribuées autant que possible aux immigrants catholiques d'origine francophone. À cet effet, Roffignac et les Brabant acquirent des terrains supplémentaires près de la vallée Pipestone. L'endroit fut appelé

48

Saint-Hubert. Par la suite, le père Benjamin Fallourd, originaire de la Vendée, en France, et qui vécut à Saint-Hubert pendant quarante-cinq ans, écrivit l'historique de cette paroisse dans lequel il donna l'origine du nom :

Ces messieurs, grands chasseurs devant le Seigneur, devaient instinctivement avoir au moins un certain faible, sinon une dévotion spéciale pour le grand patron des chasseurs, Saint-Hubert. [1]

Le terme de « comtes de Saint-Hubert » engloba désormais tous les nobles vivant à La Rolanderie, à Richelieu, à Bellevue ou à Whitewood, de passage ou séjournant quelque temps sur les lieux.

En avril 1890, un an après le départ de Rudolf Meyer, le père Léon Muller arriva à La Rolanderie. Il venait de la province du Manitoba où le diocèse de Paris l'avait envoyé l'année précédente diriger l'installation d'un village et d'une paroisse francophones, à quarante kilomètres de Winnipeg, capitale du Manitoba. Muller avait démissionné avant même que l'église n'y fût construite, outré par les agissements du chanoine Stanilas Rosenberg, de Paris. Ce dernier avait reçu de la comtesse Marie Rosine Suchet d'Albuféra qui habitait en France, des fonds monétaires destinés à la construction du village et de l'église. La dame de compagnie de la comtesse, appelée Fanny Rives, qu'elle avait beaucoup aimée, était décédée en 1883. Dans ses rêves, la comtesse d'Albuféra l'entendait lui enjoindre de fonder une colonie française à l'étranger. Elle en parla à son directeur de conscience, Stanilas Rosenberg, chanoine de la cathédrale de Tours et qui s'était attribué le titre pompeux de « vicaire général de monseigneur l'archevêque maronite de Chypre » *(sic)*. Il la persuada de lui remettre de larges sommes d'argent pour financer l'instauration d'un village francophone dans l'ouest du Canada, dans la province du Manitoba, qui allait s'appeler Fannystelle (Fanny, prénom de la dame de compagnie, et stella qui signifie étoile). Rosenberg vint lui-même séjourner très brièvement à l'endroit choisi. Il recommanda deux aristocrates pour surveiller le tout début de diverses constructions, le vicomte de la Borderie et le vicomte de Saint-Exupéry qui, tous deux ruinés, rêvaient de refaire fortune dans les Plaines. Malheureusement, Rosenberg était un imposteur de grande envergure qui avait des démêlés avec la justice en France pour avoir déjà escroqué plusieurs personnes. Il détourna l'argent de la comtesse à son profit et ne donna plus signe de vie. Un grand nombre des pionniers francophones de tous antécédents qui attendaient avec impatience la construction de leur église quittèrent alors le Manitoba vers 1890, déroutés et perplexes quant aux agissements bizarres des Français de France. Ils vinrent s'établir à Whitewood et dans les environs. Des années plus tard, le village de Fannystelle vit finalement le jour. On comprend pourquoi le père Muller ne voulait plus entendre parler de Rosenberg à l'époque.

Le père Léon Muller passa quelque temps à La Rolanderie, donnant avis et conseils quant à l'administration de la paroisse et la construction de l'église. On l'a décrit comme : *Un petit homme nerveux, d'une grande vivacité - ce qui lui aurait valu le nom de « diable bleu »* [2], surnom peu flatteur pour un ecclésiastique chargé de prêcher la bonne parole dans un contexte apaisant.

La nouvelle société fondée par Roffignac couvrant les dépenses, on n'évita pas les frais pour construire l'église, car des maçons vinrent, paraît-il, de France. Toutefois, par esprit d'économie et d'écologie, on utilisa les pierres ramassées dans les champs des alentours.

Le site de l'église avait été fort bien choisi, à proximité de la rivière, avec une très jolie vue sur les collines boisées. L'église, appelée Saint-Joseph, fut terminée en 1890. La porte était en chêne sculpté. Huit vitraux représentaient les enfants d'un des comtes. Une peinture montrant la scène de l'Annonciation fut exécutée par le jeune comte Charles de La Forest Divonne, ancien élève du père Muller. Le jeune homme avait fait plusieurs séjours à La Rolanderie. Les aristocrates français et tous les catholiques des environs avaient désormais un endroit où prier et se rencontrer régulièrement. L'époque où l'on célébrait les services religieux du dimanche dans le salon de la maison du comte et de la comtesse de Beaulincourt était bien révolue. Le mariage de la femme de chambre de madame de Roffignac et du valet de son époux eut lieu dans la nouvelle église lors de la visite du père de la comtesse, le comte de Salvaing de Boissieu. On rapporta que :

Ce fut l'occasion d'une noce comme on n'en avait jamais vue dans le pays. Tous les Français et autres catholiques y avaient été invités et n'avaient pas manqué de s'y rendre. [3]

Quatre enfants du comte et de la comtesse de Beaudrap, Xavier, Yvonne, André et Bernard, furent baptisés dans la nouvelle église. À proximité et le long de la route, on transforma un terrain en cimetière. Au cours des années, une douzaine de personnes y furent enterrées dont le père Fallourd.

Après son bref passage à La Rolanderie, le père Muller retourna en France et ne revint jamais à Whitewood où le père Nayrolles devint le premier prêtre en résidence. En France, aidé par les relations de Roffignac, et en Belgique par celles des Brabant, le père Muller s'employa à convaincre un certain nombre de ses concitoyens, mécontents de la politique de leur gouvernement, d'aller vivre en Saskatchewan et de se lancer dans l'agriculture et l'élevage de bétail. Une année auparavant, le journal *The Colonist* de janvier 1889, avait déjà imprimé qu'en France, on incitait les gens à « se rendre de l'autre côté de l'Atlantique et à s'installer dans les limites de la paroisse ». On leur promettait aussi « des maisons gratuites et confortables, un emploi bien rémunéré et des terres pour chaque chef de famille ». Le père Muller remporta quelques succès, car il a été écrit qu'entre le 26 mars 1892 et le 4 octobre 1893, après son retour en France, près de 88 Français et Belges arrivèrent dans la région, contribuant ainsi à sa prédominance francophone. Le nom de Saint-Hubert subit des variations au fil des ans :

On disait alors Saint-Hubert de La Rolanderie, et jusqu'en 1917, ce fut Saint-Hubert tout court. En 1917, lorsque le bureau de poste fut érigé officiellement, on fit application pour le nom de Saint-Hubert Mission qui fut accepté. Il y avait déjà un Saint-Hubert au Québec. [4]

À leur départ de France, les comtes de Saint-Hubert avaient laissé derrière eux une vie mondaine qu'ils recréèrent avec succès dans l'Ouest. Ils se recevaient beaucoup entre eux et fréquentaient assidûment les Britanniques établis à Cannington Manor, situé à une trentaine de kilomètres au sud de La Rolanderie.

À proprement parler, Cannington Manor n'était pas un manoir, mais un village où vivait une large communauté britannique fondée en 1882 par le capitaine Edward Pierce. Celui-ci avait connu une faillite spectaculaire en Grande-Bretagne pour cause de mauvais investissements faits par son banquier. Venu au Canada dans le but de renflouer ses finances, il s'était installé avec sa famille dans une maison en rondins. Pierce avait fait ensuite de la publicité dans son pays natal pour établir une colonie qui vivrait suivant les principes victoriens et les coutumes de l'époque. Il promettait à ceux qui viendraient le rejoindre tous les privilèges de la vie menée par les gens riches sans aucun de ses inconvénients, vu que le niveau de vie était beaucoup moins élevé au Canada qu'en Angleterre. Il avait même placé une annonce dans un journal indiquant que dans l'Ouest « avec quelques centaines de livres par an, un homme du monde pouvait mener la même existence qu'au siècle précédent en Grande-Bretagne ». Plusieurs aristocrates britanniques se laissèrent tenter et vinrent s'établir en Saskatchewan. Le capitaine Pierce créa alors « The Moose Mountain Trading Company », société qui vendait les outils et la machinerie nécessaires à l'exploitation des fermes. Il avait aussi fondé un collège agricole pour les *remittance men*.

Ces derniers étaient les brebis galeuses des grandes familles du Royaume-Uni. Après quelques méfaits ou scandales, ils avaient été bannis dans les provinces de l'ouest du Canada où leurs familles leur versaient des pensions pour leur permettre de bien y vivre. Ces *remittance men* ne pouvaient pas retourner dans leur pays ou se marier sans risquer de voir disparaître à jamais le montant d'argent qui leur assurait une vie agréable. Ils continuaient à jouir du même genre de mondanités que dans leur ancien pays. Fort bien éduqués, leur compagnie était recherchée par les aristocrates français qui les trouvaient amusants avec leur humour mordant et leurs anecdotes farfelues. Pour cent livres sterling de frais de scolarité par an, les *remittance men* étudiaient au collège du capitaine Pierce les diverses techniques d'agriculture dans l'Ouest ainsi que la gestion des fermes et des ranchs.

D'autres Britanniques tels que les trois frères, Ernest, Billy et Bertie Beckton, originaires de Didsdbury, près de Manchester, étaient aussi venus s'installer près de Cannington Manor. Issus de deux des plus riches familles du nord de l'Angleterre, ils avaient reçu un héritage considérable à la mort de leur grand-père maternel, roi du textile. En Saskatchewan, ils acquirent deux mille six cents acres de terres sur lesquelles ils construisirent une très belle demeure en pierre qu'ils appelèrent « Didsbury ». Elle comprenait vingt-six pièces, de larges fenêtres et de nombreuses vérandas. À l'intérieur de la grande bâtisse, on pouvait admirer de grandes cheminées, des tapis turcs et des tableaux anciens dans leurs cadres dorés. L'ameublement était très confortable. Les écuries se trouvaient à proximité de l'habitation et étaient aussi bien chauffées l'hiver que Didsbury même. Un entraîneur professionnel, venu spécialement de Grande-Bretagne, les dirigeait avec l'aide de plusieurs jockeys. De petites maisons en pierre pour le personnel étaient disséminées çà et là. Il y avait aussi plusieurs chenils pour les chiens de chasse. Les comtes de Saint-Hubert participaient aux chasses, aux chasses à courre et aux courses de chevaux de Didsbury et des environs. Les aristocrates français appréciaient la vie opulente menée par les trois frères Beckton. Les serviteurs repassaient les journaux avant de les offrir aux invités et nettoyaient leurs fusils après chaque partie de chasse.

La communauté de Cannington Manor regroupait plus de deux cents habitants. Le village de Cannington Manor comptait un hôtel, une épicerie, une laiterie, deux écoles, deux fabriques de fromage et un moulin à vent qui produisait une farine de blé de bonne qualité. Mais, Cannington Manor était surtout connu pour ses activités culturelles et sportives. Pièces de théâtre alternaient avec concerts et bals. On y jouait au tennis, au cricket et au football.

Quand ils ne se retrouvaient pas à Cannington Manor ou à Didsbury, les comtes de Saint-Hubert organisaient entre eux des courses de chevaux à Moosomin. Des Autochtones de la tribu des Cris venaient alors y assister, assis par terre, enveloppés de couvertures et le visage peint de différentes couleurs. Les femmes portaient leurs bébés attachés sur le dos. Chaque fois que les cavaliers passaient devant eux, ils poussaient tous des cris gutturaux pour les encourager. Des descriptions de ces courses ont été retrouvées :

D'un côté de la piste se retrouvaient toutes les nationalités, avec salopettes et chapeaux de paille en évidence. De l'autre côté, on voyait certains aristocrates français à cheval, habillés superbement, avec cravaches et martingales. [5]

Les dames étaient toujours très admirées par la population locale. On se récriait sur leur teint de porcelaine protégé par des parasols de dentelle et sur leurs toilettes plus élégantes que celles des femmes britanniques de Cannington Manor :

...Dans les charrettes anglaises et phaétons, quelques-unes des femmes françaises titrées étaient assises, vêtues de robes et de chapeaux de Paris... Pour des yeux d'enfant, ces dames représentaient une vision momentanée du grand monde extérieur et semblaient même sortir d'un conte de fées. [6]

Les comtes de Saint-Hubert ne manquèrent jamais d'inviter leurs voisins roturiers à leurs réceptions. Les pionniers de milieux divers y voyaient là une occasion de sortir de chez eux, de porter leurs meilleurs habits, de se restaurer, de partager les derniers commérages et de se distraire en bavardant et dansant. Dans ces réceptions, l'habillement était plutôt disparate :

Comme on peut l'imaginer, la tenue était variée pour ces occasions et même peu conventionnelle. Certains venaient en costume semi-cowboy, certains en pantalon et robe de flanelle, tandis que d'autres arrivaient en tenue de soirée. [7]

Le plus grand hôtel de Whitewood fut plusieurs fois le site insolite de bals annuels français où l'élégance des comtesses fut commentée pendant de longs mois. On rapporta que :

Le nombre de chemises blanches et de gants blancs était étonnant. Il y avait beaucoup de jolies robes du style de la fin des années 1880, souvenirs de jours meilleurs de l'autre côté de l'Atlantique. Les Françaises de naissance et d'éducation nobles étaient pleines de vivacité et de charme dans leurs robes décolletées à la mode, avec bijoux autour du cou et des bras. Elles apportaient un air de distinction à l'incongruité des lieux. [8]

On célébra aussi la visite de Charles Mackintosh, alors gouverneur général des Territoires du Nord-Ouest. Toutes les occasions étaient bonnes pour se réunir et s'amuser.

Accoutumés à une nourriture raffinée en France, les comtes de Saint-Hubert faisaient venir des vins dispendieux et, dans la mesure du possible, leurs produits alimentaires préférés de leur pays d'origine. Leurs serviteurs continuèrent à cuisiner pour eux comme ils l'avaient fait précédemment, bien que ne trouvant pas toujours sur place les viandes, les fruits et les légumes dont ils avaient besoin. On parla longtemps d'une réception où fut servi un cochon de lait farci d'une oie entière truffée elle-même de divers aromates. La consommation de plats d'huîtres a été aussi mentionnée. Mais, la mer étant plutôt éloignée de la province de la Saskatchewan, on se demande vraiment si l'existence de ce

56

mets n'était pas due à l'imagination ou à un jeu de mots sur les *prairie oysters*, ou « huîtres des Prairies ou des montagnes ». Ce sont en fait les testicules frits de bœufs, de moutons ou de bisons, après la castration des animaux d'élevage, plat très apprécié dans l'ouest du Canada et des États-Unis. En France, la consommation d'abats était très répandue et les comtes n'auraient pas été étonnés de les trouver au menu. Des années auparavant, le 21 juillet 1857, une recette « d'huîtres des Prairies ou des montagnes » à la sauce royale, sauce à base de velouté de volaille et de crème fraîche, avait été imprimée dans le journal *Washington Star*.

Plusieurs jeunes gens d'origine noble vinrent de France faire de brefs ou longs séjours en Saskatchewan. Quelques-uns avaient déjà séjourné dans l'est du pays. À La Rolanderie, Bellevue ou Richelieu, ils s'occupaient à dresser les chevaux et à de menus travaux. Ils avaient aussi l'occasion de participer aux mondanités où la présence de jeunes hommes supplémentaires était toujours bien accueillie par les femmes de la haute société qui s'ennuyaient loin de chez elles. Elles étaient alors heureuses d'entendre les derniers potins de Paris. Gonzague Le Gouz de Saint-Seine vint à La Rolanderie. Son petit-fils écrivit à l'auteure de ce livre :

Mon grand-père, Gonzague Le Gouz de Saint-Seine, a bercé mon enfance avec ses aventures au Canada où il allait régulièrement chaque année jusqu'en 1900, où il chassait et y élevait des chevaux dans la région de Trois-Rivières et de Winnipeg. Il me parlait beaucoup de La Rolanderie qui a été son premier point de chute à son arrivée au Canada... Je porte le même prénom que lui et je possède sa maison en France où j'y conserve ses écrits sur cette période ainsi que des trophées de chasse datant de 1898.

Le vicomte Pierre de Pronleroy du Perche et un jeune homme apparenté au marquis de Foucauld-Lardimalie, cousin éloigné du célèbre Charles de Foucauld, officier, explorateur, missionnaire et écrivain, vinrent également passer quelque temps à La Rolanderie. On trouvait ces visiteurs gentils, polis et très serviables.

Certains Français qui s'étaient installés à Whitewood attirèrent aussi affection et sympathie :

Parmi les gens locaux, le comte et la comtesse de Langle étaient les plus populaires. Leur ranch se trouvait sur les bords de la rivière Pipestone. Madame de Langle avait la réputation d'être non seulement belle, mais aussi charmante. On reconnaissait que le comte, qui étonnait toujours par ses tenues vestimentaires, avait tout de même la tête sur les épaules et était agréable et fort bien de sa personne. Le comte acheta une épicerie à Whitewood et servait lui-même les clients derrière le comptoir. À son départ, il mit en vente sa maison avec ses dépendances et ses terres pour 800 dollars, mais ne trouva pas preneur. [9]

La musique intéressait beaucoup les comtes de Saint-Hubert, car elle avait fait partie de leur éducation. Ils se joignirent donc à la fanfare de Whitewood, dirigée par le directeur de l'école locale et qui prenait part à tous les événements du village. Cette fanfare posa pour une photographie de groupe en 1890 où chacun avait entre les mains l'instrument dont il jouait. Le comte de Soras tenait son piston, Robert Wolff, sa clarinette et le comte de Jumilhac, son clairon. Le comte de Langle était assis fièrement derrière son tambour.

Les aristocrates essayèrent de s'adapter à leur nouvel environnement. La majorité d'entre eux le firent sans problème. Toutefois, leurs manières, leur comportement et le langage châtié qu'ils employaient les plaçaient à l'écart des pionniers locaux qui ne comprenaient pas toujours ce qu'ils disaient ou désiraient. De plus, les nobles Français de Saint-Hubert ne parlaient pas tous couramment la langue de Shakespeare et cela leur joua plus d'un tour. En France, les comtes avaient toujours été servis. Leurs ordres, distribués aux employés qui travaillaient temporairement à La Rolanderie, à Richelieu et à Bellevue, pouvaient paraître péremptoires à ceux qui n'avaient pas l'habitude de se laisser commander. De plus, comme ils avaient peu d'expérience en agriculture ou dans les problèmes d'élevage, les directives des aristocrates semblaient souvent ridicules à ceux qui en savaient plus, d'où les réactions vives et les ressentiments de ces derniers. Les anecdotes de toutes sortes les concernant pullulaient et amusaient toujours les gens. L'une d'elles mentionne l'ébahissement d'un groupe d'Autochtones s'arrêtant brusquement de travailler dans les champs en voyant l'un des aristocrates se diriger vers eux, pataugeant dans la boue et vêtu :

...de bas, d'un pantalon blanc, d'un habit à queue-de-pie rouge, d'un chapeau haut-de-forme noir, tenant sa canne et ses gants. [10]

On peut penser que ce n'est pas dans une tenue aussi élégante que les comtes travaillaient. Bien qu'excellents cavaliers, leurs connaissances techniques n'en étaient pas moins inexistantes quant à l'attelage des charrettes. Un jour, les chevaux mal attachés s'emballèrent sous les regards ironiques de deux fermiers qui les observaient du haut d'un grenier à foin. La vue d'une jeune domestique française, les pieds dans des sabots remplis de paille, se tordant les mains d'anxiété et suppliant à haute voix la Sainte-Vierge d'épargner la vie de ses patrons, les firent pouffer de rire. Quand les chevaux se calmèrent et revinrent à leur point de départ, les deux employés allèrent gentiment montrer aux Français comment atteler correctement les chevaux à la charrette.

Pourtant, tout n'allait pas pour le mieux à La Rolanderie en 1891. Dans une lettre adressée par la comtesse Salvaing de Boissieu à l'arrière-grand-mère de Bertrand de Lesquen, petit-fils d'Émile Jannet, et qui réside actuellement en Bretagne, la comtesse mentionnait que son gendre, Yves de Roffignac :

...est souffrant des nerfs d'une façon qui nous inquiète assez, quoique ce ne soit pas dangereux et que cela (soit dû?) à des causes morales. [11]

Elle était également très préoccupée par l'état de santé de sa fille :

Ma fille est souffrante sans aucune raison et cela nous inquiète beaucoup, mon mari et moi. Elle et son mari sont aussi inexpérimentés que possible et ont la propension de tous les jeunes gens à croire que leurs parents exagèrent ou radotent. De plus, les ressources comme soins ici sont nulles malgré ce fameux docteur Bird dont on m'a parlé. Il demeure à 7 lieues et est souvent absent de chez lui pour plusieurs jours. Un autre, quand il y est, est généralement ivre. Ma fille est très anémiée et affaiblie, souffrant de douleurs; je vois qu'il faudrait absolument d'assez bons soins et un bon régime, au lieu de celui qu'elle suit qui est abominable. [12]

Roffignac et son épouse rentrèrent en France en décembre 1891. En 1892, Roffignac fut remplacé à la tête de La Rolanderie par un certain monsieur Carnoy venu spécialement de France prendre ses fonctions. Il avait été dépêché par les actionnaires de « La Rolanderie Farming and Stock Raising Company » fort inquiets de leurs investissements. Carnoy arriva avec femme, enfants et un couple de domestiques. Malheureusement, les affaires de La Rolanderie ne s'arrangèrent guère sous sa direction et il retourna sous peu dans son pays natal. En 1893, voyant que tous leurs projets commerciaux avaient échoué, à court d'idées ou d'argent, les Français décidèrent de mettre un terme à leurs efforts en Saskatchewan. « La Rolanderie Farming and Stock Raising Company » fut dissoute. Ils essayèrent de vendre maisons et terres sans grand succès :

La majeure partie des possessions des comtes de Saint-Hubert fut vendue à l'encan. Limoges, propriétaire du magasin général de Whitewood, avait beaucoup vendu à crédit aux comtes de Saint-Hubert et tenait à récupérer son argent. Monsieur Mcleod, avocat de Moosonin, dirigea la vente.

Peu à peu, les terres des aristocrates furent laissées à l'abandon. Monsieur Dubuque, avocat de Winnipeg, fut chargé de la vente de La Rolanderie par les actionnaires de La Rolanderie Farming and Stock Raising Society en France. Il loua certaines terres à plusieurs fermiers. Cela dura jusqu'en 1904, puis l'archevêché racheta le tout. [13]

Les uns après les autres, les comtes de Saint-Hubert quittèrent La Rolanderie, Richelieu, Bellevue et Whitewood pour retourner en France. Après avoir investi des capitaux dans les diverses sociétés qu'ils avaient lancées, certains d'entre eux se retrouvèrent si désargentés qu'ils durent emprunter l'argent nécessaire à l'achat de leurs billets de retour. Ils arrivèrent au beau milieu de l'affaire Dreyfus. Alfred Dreyfus était un officier de religion israélite, accusé et condamné pour espionnage au profit de l'Allemagne en 1894, gracié en 1899 et réhabilité en 1906. Cette affaire constitua l'une des plus grandes crises politiques en France, divisant l'opinion publique en deux camps, les dreyfusards et les antidreyfusards. Elle alimenta les conversations pendant des années.

Avant de partir, Roffignac et Brabant vendirent les terres de la paroisse au diocèse de Saint-Boniface qui à son tour, les revendit à une congrégation de prêtres appelés les Fils de Marie Immaculée. L'église Saint-Joseph fut démolie et remplacée par deux autres églises qui furent successivement construites à proximité. Un cairn et une croix indiquent son ancien emplacement.

Les comtes de Saint-Hubert laissèrent un souvenir authentique derrière eux. Une alliance appartenant à la comtesse de Roffignac, avec prénoms du couple et date de leur mariage gravés à l'intérieur, avait été perdue par la jeune femme. Un siècle plus tard, un habitant de la région la trouva près d'un trou creusé par des chiens de Prairies. Il en fit cadeau à son épouse qui la porta jusqu'à sa mort. Cette anecdote romantique ajoute à l'histoire fantasque du séjour en Saskatchewan de ces gens sortant de l'ordinaire dont les blasons peuvent être retrouvés dans le Musée virtuel de la province.

CHAPITRE 5

CONTRIBUTION DES COMTES DE SAINT-HUBERT AU DÉVELOPPEMENT DE LA SASKATCHEWAN

On a souvent accusé les comtes de Saint-Hubert d'extravagance et d'arrogance. Il a été suggéré qu'ils n'avaient aucun sens des affaires et étaient d'une ignorance totale quant à l'agriculture et la vie dans les Prairies. Certes, les conditions de travail difficiles et la dure réalité que représentait un climat rigoureux et impitoyable, très sec en été et glacial en hiver, leur étaient complètement étrangères au début de leur séjour en Saskatchewan. Ils s'adaptèrent autant qu'ils le purent.

Beaucoup d'autres pionniers échouèrent également dans leurs entreprises, mais disparurent dans l'anonymat. À l'encontre des comtes, ils n'avaient ni titre ni fortune. Leurs échecs, à une échelle bien plus petite que ceux des aristocrates qui ne cultivaient pas toujours la discrétion, ne provoquèrent pas autant de commentaires de la part de la population locale.

Cannington Manor, que les comtes avaient beaucoup fréquenté, déclina progressivement, puis disparut à son tour. De son vivant, le capitaine Edward Pierce avait régi toutes ses entreprises avec beaucoup d'autorité, espérant que Cannington Manor deviendrait un jour une vraie petite ville. À sa mort, le collège agricole qu'il avait fondé ferma ses portes. Les fils de

Pierce, Harvey et Jack, partirent au Yukon. Les frères Beckton, propriétaires de Disdbury, les *remittance men*, ainsi qu'un certain nombre de familles britanniques quittèrent aussi l'endroit pour rentrer en Grande-Bretagne. Le pays se préparait alors à la guerre des Boers (1899-1902) en Afrique du Sud. Les habitants de Cannington Manor et des environs qui restèrent ne pouvaient plus réellement vivre d'exploitation agricole et d'élevage de chevaux ou de bétail.

C'était la fin d'une époque en Saskatchewan. Tous les enfants des comtes de Saint-Hubert partirent avec leurs parents. Toutefois, la plupart de leurs domestiques choisirent de rester à Whitewood, convaincus que la vie dans l'ouest du Canada leur offrait plus de possibilités qu'en France. Ils se marièrent avec des membres de la population locale et leurs descendants contribuèrent à la forte présence francophone du village de Dumas et de ses environs, nommé d'après le célèbre auteur Alexandre Dumas. Néanmoins, on ne sait toujours pas s'il s'agissait d'Alexandre Dumas père ou fils. Une communauté franco-belge s'installa aussi près d'un endroit appelé Montmartre. On peut donc dire que grâce aux comtes de Saint-Hubert, beaucoup de francophones s'établirent définitivement dans la région.

L'argent investi dans la paroisse de Saint-Hubert par les Français avait contribué au développement de l'économie locale. Ils avaient aussi introduit dans les alentours de Whitewood du bétail de bonne qualité qui resta sur place.

La province avait désormais et possède toujours un réservoir d'anecdotes amusantes et cocasses portant sur les tentatives d'établissement des pionniers issus de la noblesse. Elles contribuent à rendre l'histoire de l'Ouest encore plus intéressante. Le souvenir de ces hommes du monde venus de France resta longtemps dans la mémoire collective des habitants de la contrée. John Hawks, à l'époque bibliothécaire à Whitewood et ancien rédacteur du *Whitewood Herald*, écrivit dans son ouvrage *Saskatchewan and its people* que les aristocrates :

...méritent une place d'honneur parmi les pionniers de la Saskatchewan. C'est toujours agréable d'évoquer ces hommes galants et courtois venus de la vieille France et cet écrivain (parlant de lui-même), *qui les connaissait et avait travaillé avec eux, est content et fier de leur rendre hommage.* [1]

Lors de la Première Guerre mondiale, le comte de Soras ne put se joindre à l'armée à cause de son âge. Pour commémorer son séjour dans l'Ouest dont il se souvenait avec attendrissement, il invita un jeune soldat canadien de passage en France à dîner dans son château avec quelques membres de la noblesse locale. Le sergent Larry en garda un souvenir ému jusqu'à la fin de sa vie.

Le comte de Jumilhac fut l'un du groupe d'aristocrates à aller chercher fortune au Yukon. Une lettre écrite par un employé de la Compagnie de la baie d'Hudson, E.C. Lamarque, le mentionne :

En 1898, un petit bateau à vapeur arriva à l'île de la Crosse. Il appartenait à 3 ou 4 pionniers du Klondike venant des environs de Whitewood. L'un était allemand, un autre anglais, et le troisième, un comte Jimmiack – sûrement mal écrit – mais c'était comme cela que son nom était prononcé. Le bateau alla jusqu'à McMurray. Mais, je ne sais pas si la chaudière et le moteur y arrivèrent aussi... C'était probablement le premier et le dernier bateau à vapeur dans le cours supérieur du fleuve Churchill... certainement le premier. [2]

Les comtes de Saint-Hubert avaient été abandonnés par Rudolf Meyer alors que c'était lui qui les avait entraînés dans cette aventure. Ses idées et théories socio-économiques ne s'appliquaient guère à l'ouest du Canada. Meyer avait décampé dès qu'il s'était rendu compte que La Rolanderie n'était pas une entreprise rentable, sans jamais avoir révélé à ses adeptes qu'il s'intéressait aux idées de Karl Marx. Malgré les avatars successifs, les comtes de Saint-Hubert allèrent jusqu'au bout de leurs rêves et de leur utopie.

Après avoir séjourné plusieurs années en France, le comte et la comtesse Paul de Beaudrap revinrent au Canada et s'installèrent près de la rivière Red Deer, dans le sud-est de la province de l'Alberta, à proximité de la ville de Calgary. Le comte de Beaudrap, celui-là même qui s'était impliqué dans la culture et la vente de la chicorée à Bellevue et Richelieu, allait-il enfin rencontrer le succès qui, jusqu'alors, lui avait échappé dans l'Ouest?

CHAPITRE 6

ARRIVÉE EN ALBERTA

Les Beaudrap et leurs cinq enfants dont le dernier était né en France arrivèrent à Calgary en 1904. Le frère aîné du comte Paul de Beaudrap, le capitaine Roger de Beaudrap, les accompagnait. Il avait choisi de quitter l'armée et de s'exiler au Canada après une affaire retentissante. Le gouvernement de l'époque avait donné l'ordre à l'armée d'expulser de la ville de Ploërmel, en Bretagne, la congrégation enseignante des Frères de Jean-Marie de Lamennais. Les journaux rapportèrent que :

...Cette décision du gouvernement sema évidemment la désolation dans ce gros bourg rural qui vivait en partie grâce à la maison-mère de cette congrégation. Il ne fallut pas moins de 1 200 hommes de troupe pour repousser les manifestants catholiques. Parmi les officiers, cinq préférèrent démissionner : les capitaines Morel et de Beaudrap, les lieutenants Boux-de-Casson, de Torquat et Boulay de la Meurthe... [1]

Roger de Beaudrap avait déjà fait une très belle carrière dans l'armée et avait reçu la Légion d'honneur en 1900, ce qui dut rendre sa démission d'autant plus douloureuse. Veuf avec six enfants, ses trois fils projetaient de le rejoindre dans l'Ouest. Le lieutenant d'infanterie, François de Torquat de la Coulerie, qui avait quitté l'armée à la suite du scandale de Ploërmel, décida lui aussi de partir pour l'Alberta. Le Conseil de guerre l'avait acquitté, mais il avait été mis en non-activité. Il avait alors vingt-six ans.

Les Beaudrap n'étaient pas les premiers Français à venir s'établir dans ce territoire. Au sud de Calgary, dans la région appelée Millarville, plusieurs émigrés de France et de Belgique, comme le comte Georges de Roaldes, le baron Dojat d'Empeau et Raymond de Malherbe, avaient déjà établi des ranchs où ils élevaient chevaux et bétail. Décidément, l'Ouest attirait les aristocrates. Les gens locaux appelaient Millarville « l'endroit des Français ».

À cent cinquante kilomètres au nord-est de Calgary qui comptait quatre mille cinq cents habitants dès 1901, deux autres Français, le jeune comte Louis de Mallet de Chauny et Armand Trochu, défrichaient ensemble des terres. Chauny avait précédemment travaillé dans les divers ranchs de Millarville. Raymond de Malherbe, qui avait connu Armand Trochu en France, les avait mis en relation dès l'arrivée de celui-ci en Alberta. Armand était le neveu du célèbre général Louis-Jules Trochu, gouverneur de Paris pendant la guerre franco-prussienne de 1870. Une manifestation populaire contre lui et son gouvernement l'avait poussé à quitter son poste avec pertes et fracas. Dans un poème, Victor Hugo immortalisa ce militaire en jouant sur son nom, écrivant « *Trochu, participe passé du verbe trop choir* ». Il continuait dans la même verve :

> ...Mais, encore une fois, qui donc à ce pauvre homme
> A livré ce Paris qui contient Sparte et Rome?
> Où donc a-t-on été chercher ce guide-là?
> Qui donc à nos destins terribles le mêla...
> ...on prend pour meneur et pour auxiliaire
> On ne sait quel pauvre être obscurément conduit

Lent et fidèle, ayant derrière lui la nuit
Dont le suprême instinct serait d'être immobile
...sans tactique, sans but, sans colère, sans art
attend de l'inconnu l'aumône d'un hasard !
...humble petit marcheur, morne et poussif
Rêveur comme la taupe, utile comme l'âne. [2]

C'était une chose d'être cité par Victor Hugo, mais une toute autre que d'être ridiculisé par le célèbre écrivain.

Après ses études à Vannes, Armand était devenu agent de change à Nantes, petite ville du sud de la Bretagne. Très peu de choses ont été retrouvées au sujet de son départ de France. Son père était inspecteur général d'agriculture. Armand Trochu avait hérité d'une maison de famille appelée la Venauderie. Les Trochu étaient financièrement à l'aise, mais la vie en province paraissait étroite et mesquine à Armand. Il n'aspirait pas à rester agent de change jusqu'à la fin de ses jours, d'autant plus qu'il devait faire face à quelques problèmes professionnels mentionnés, mais non ébruités. Les journaux publiaient alors des articles alléchants sur l'ouest du Canada. Trochu décida d'y tenter sa chance, avec l'excuse d'être poussé par un désir soudain d'aventure et surtout par un désir légitime de gagner beaucoup d'argent. Son épouse, Marguerite, resta prudemment avec leurs trois filles à Nantes pendant qu'Armand s'embarquait pour le Canada. Il avait alors quarante-quatre ans.

Raymond de Malherbe l'attendait à la gare de Calgary et l'emmena à Millarville où il s'initia sans tarder à la vie de cow-boy. Dans une lettre adressée au mari de sa sœur, Trochu expliqua : *Hier vendredi, nous sommes restés 10 heures à cheval sous une pluie épouvantable...Je suis véritablement émerveillé de la robustesse des chevaux. Nos chevaux de France ne tiendraient pas 8 jours au métier qu'ils font ici. J'aurais voulu que tu voies ton vieux beau-frère faisant le cow-boy, ma foi, aussi bien qu'un professionnel, dévalant les côtes à plein train; jamais je n'aurais osé seulement essayer ce que j'ai fait hier avec un cheval français; mon copain en fait autant et je te promets que le cow-boy qui était avec nous et qui ricanait au départ en nous regardant, ne riait plus à l'arrivée. Il a demandé à Malherbe si tous les Français étaient comme nous et à quoi il a répondu affirmativement... Les cow-boys de ce pays me font l'effet de braves gens, mais il faut savoir les prendre; ils sont orgueilleux comme des paons... ils n'ont peur de rien. Il ne faut pas, par exemple, leur demander de vous aider à seller votre cheval, chacun se débrouille lui-même et j'ai été bien heureux d'avoir passé par le régiment, car tout cela était un jeu pour moi... Il y a énormément à gagner dans l'élevage, surtout dans l'élevage du bœuf... Quant au pays, il est splendide; le panorama des montagnes rocheuses est un spectacle auquel il m'est impossible de donner une description, tellement il est grandiose et majestueux.* [(3)]

Après avoir fait connaissance grâce à Raymond de Malherbe, Chauny et Trochu se lièrent d'amitié et partirent explorer ensemble l'Alberta et les abords de la Saskatchewan pour y trouver des terres à exploiter. La chance ne leur sourit pas et ils revinrent à Calgary. Ayant finalement écouté les recommandations d'un Métis, ils découvrirent, à cent cinquante kilomètres au nord-est de la ville, un site propice dans une jolie vallée, près de la rivière Red Deer et d'un endroit appelé Three Hills. La Compagnie de la Baie d'Hudson accepta de leur céder des terres qui devaient leur appartenir après trois ans d'exploitation. Armand décrivit à sa sœur l'endroit où il avait jeté son dévolu :

...J'ai un travail formidable à faire, ayant choisi définitivement où poser une tente. Ce n'est certes pas le beau pays de Millarville; le bois fait défaut, c'est la prairie absolument nue avec de grandes coulées (grands ravins) pour abriter les animaux et ce n'est pas non plus le voisinage de Millarville; le voisin le plus rapproché est à 15 km. Tu trouveras facilement ce pays sur la carte; il est situé entre le « Three Hills Creek » et le « Devil's Pine » ou « Ghost Pine Creek » au nord-est de Calgary. Je n'ai pas encore rencontré de meilleur pays pour le ranch; un foin splendide, moitié plus beau que partout ailleurs, un espace indéfini pour les animaux, pas de clôture et pas besoin d'en faire. Il n'y a pas de danger que les animaux se mêlent à d'autres si ce n'est aux antilopes et aux cerfs qui pullulent dans la région. ...Je me dépêche beaucoup pour repartir, de peur que l'endroit ne me soit soufflé par un des nombreux émigrants qui farfouillent le long des criques. Heureusement que mon cheval, Cap Volant, peut, par beau temps, abattre ses 100 km dans sa journée... Je pourrais aller à la messe à Calgary une fois ou deux par mois... La cabane que je vais construire aura 20 pieds sur 12 et à un moment, je pourrai amener ma femme et mes enfants... [4]

Un autre Français du nom de Georges Tabary se joignit à Trochu dans l'acquisition de terres dans la vallée que l'on appela sous peu « Trochu Valley ». Tabary avait d'abord séjourné en Saskatchewan avant d'arriver en Alberta. Les deux hommes construisirent deux petites maisons et une grange dans les champs. L'épouse de Georges Tabary ainsi que la mère de cette dernière et les deux enfants du couple quittèrent Calgary où ils vivaient alors pour le rejoindre. Chauny se bâtit aussi une petite maison sur ses propres terres.

Armand acheta une soixantaine de jeunes bœufs, plusieurs chevaux et du matériel pour construire des clôtures. Il s'était rapidement aperçu qu'il avait besoin de celles-ci pour empêcher son bétail de trop s'éloigner dans ces étendues immenses. Il ajouta aussi une pièce à sa petite maison. Ses dépenses avaient dépassé ses prévisions. Trochu avait aussi besoin d'aide pour s'occuper des terres et des animaux. Il prit donc trois pensionnaires dont la participation monétaire lui fut utile. Le premier, Edgar Papillard, âgé de vingt-cinq ans, venait de Bourgogne, en France.

Le second était le jeune baron Raoul de Preaulx, de France également, qui avait le même âge et avait démissionné de l'armée. Arrivé au Canada avec le titre de baron, il devint vicomte à la mort de son père. Raoul de Preaulx était issu d'une des plus anciennes et illustres familles de France, descendant d'un compagnon de Guillaume le Conquérant et de la famille royale de Bourbon. La famille de Preaulx possédait des biens considérables. L'un de ses membres, le marquis de Preaulx, s'était lié d'amitié avec Jules Verne. Extrêmement riche, il s'était fait construire plusieurs grands navires sur les chantiers navals du port de la ville de Saint-Nazaire. Il invitait souvent Jules Verne sur ses bateaux pour de petites croisières où il lui apprenait à naviguer. C'est là que ce dernier, bavardant avec le marquis, eut l'idée d'écrire l'un de ses célèbres ouvrages intitulé *Vingt mille lieues sous les mers*, publié en 1870.

Armand Trochu prit comme troisième pensionnaire un jeune homme argenté et entreprenant, le marquis de Roderel de Seilhac, âgé de vingt-trois ans, qui s'était laissé tenter par l'aventure albertaine et était arrivé dans l'Ouest. Armand logea les trois jeunes gens dans la seconde chambre de sa petite maison.

Comme il lui fallait des fonds pour s'établir définitivement, Armand retourna dans son pays natal au cours de l'été de 1904 recruter des gens, non seulement pour se joindre à lui dans l'ouest du Canada, mais aussi pour y apporter des capitaux. Le gouvernement français traversait, à ce moment-là, une nouvelle crise politique. Après l'affaire Dreyfus, l'affaire des Fiches faisait rage, provoquée par la divulgation, en 1904, d'un fichier constitué au cours des trois dernières années par le ministre de la Guerre. Ce fichier permettait d'identifier les officiers catholiques et conservateurs. Cette révélation eut l'effet d'une bombe et entraîna un scandale si retentissant qu'il provoqua la chute du ministère d'Émile Combes, président du Conseil. Il avait mené une vigoureuse politique anticléricale qui aboutit au vote de la loi de séparation de l'Église et de l'État le 9 décembre 1905. Entre 1901 et 1904, le gouvernement français avait déjà fermé plus de trois mille écoles catholiques et expulsé près de vingt mille religieux enseignants. Émigrer au Canada offrait alors une alternative alléchante à ceux qui rêvaient de changements et d'aventures. Le pays allait accueillir près de deux cent mille immigrants en 1906. Un journal avait publié :

Nos fils de famille qui, fidèles à des traditions, répugnent à adopter les idées de la France contemporaine, feraient bien d'aller au Canada et de s'y livrer à l'agriculture au lieu de perdre leur temps et de dépenser leur argent à soupirer après un état de choses qui n'est pas prêt à revenir de sitôt. [5]

En France, grâce à ses relations et connaissances, Armand contacta plusieurs militaires, qui, fort mécontents des décisions politiques du gouvernement, aspiraient à quitter leur patrie pour quelque temps. Parmi eux, se trouvait le lieutenant Joseph Devilder, considéré alors comme l'un des meilleurs cavaliers de

France, entré premier et sorti au même rang du célèbre Cadre Noir de l'école nationale d'équitation de Saumur, corps de cavaliers d'élite. Son père, qui était banquier, put lui avancer la somme importante pour l'époque de cinquante mille dollars pour son établissement dans l'ouest du Canada. Trochu rendit visite à la famille Devilder à Lille qui le reçut très amicalement.

Il convainquit également un certain Marc de Cathelineau, officier de cavalerie issu d'une famille de tradition militaire, âgé de vingt-sept ans et second fils du comte de Cathelineau, de venir au Canada. L'arrière-petit-fils de Marc de Cathelineau, le baron Emmanuel de Montillet de Grenaud, écrivit à l'auteure de ce livre qu'en 1889, les parents de Marc « *émigrèrent en Argentine et se lancèrent dans l'élevage de moutons et de chevaux... En 1896, ils rentrèrent en France. Jacques de Cathelineau* (le père de Marc) *avait acheté un grand nombre de chevaux en Argentine, comptant les revendre en France. Malheureusement, une épidémie se déclara en Argentine après son départ, frappant les chevaux. À son arrivée en France, le gouvernement exigea l'abattage de tous les chevaux importés d'Argentine.* » Dès son arrivée en Alberta, comme Armand Trochu n'avait pas tellement d'argent à sa disposition, Marc accepta de travailler pour lui en échange de sa nourriture seulement. Armand le qualifia de « rude travailleur et de garçon parfaitement bien élevé ».

Rêvant d'aventures, un étudiant en médecine, appelé Louis Sculier, interrompit ses études pour se joindre à Cathelineau à Trochu Valley. Même s'il ne possédait pas tous ses diplômes, il pouvait toujours rendre service. De plus, Sculier, ayant séjourné en Grande-Bretagne, parlait parfaitement l'anglais, ce qui n'était pas le cas de certains autres pionniers venant de France. Ses connaissances médicales et linguistiques allaient s'avérer utiles à la survie du groupe de Français.

Pendant qu'en France, Trochu continuait à faire la promotion des terres qu'on pouvait acquérir en Alberta sans avoir à dépenser de larges fortunes, à Calgary, la famille de Beaudrap faisait la connaissance de madame de Mallet de Chauny. Son fils Louis était ami et partenaire d'Armand Trochu. Après l'échec de Fannystelle, la famille de Chauny, composée de la mère, de deux fils et d'une fille, était venue à Calgary où madame de Chauny s'était fait construire une maison en 1902. Aucun monsieur de Chauny n'a été mentionné dans les documents officiels. Madame de Chauny était sans doute veuve lorsqu'elle arriva au Canada avec ses enfants. On a écrit qu'elle avait été attachée à la maison du prince Jérôme Bonaparte. Ce dernier avait bien eu un aide-de-camp nommé Mallet de Chauny, mais ce n'était pas l'époux de madame de Chauny.

Cette dernière parla longuement aux Beaudrap des projets communs de son fils aîné et d'Armand Trochu. Le comte et le capitaine décidèrent à leur tour d'aller explorer la même région. Ils achetèrent une charrette et deux chevaux et se mirent en route, espérant découvrir des terres adéquates pour s'établir à proximité de Trochu Valley. La comtesse et les enfants restèrent en ville à attendre les résultats de leurs recherches.

Alors que les frères de Beaudrap campaient la seconde nuit, l'un des chevaux, effrayé par l'orage qui grondait, réussit à arracher la longe qui le retenait à un poteau. Il s'enfuit directement dans une clôture faite de barbelés et se blessa grièvement. Les Beaudrap durent l'abattre et en acheter un autre dans le village de Didsbury qui portait le même nom que la grande demeure des Beckton à Cannington Manor, en Saskatchewan.

Pour la somme de mille dollars, les frères acquirent un ranch pas très loin de Trochu Valley. Outre les terres, la ferme comprenait une petite maison en rondins et une remise dont le toit fut plus tard décoré de crânes de bison, une étable et une écurie. Ils rachetèrent aussi à l'ancien propriétaire son bétail, composé de douze bêtes à cornes qu'ils marquèrent des chiffre et lettres 6XP, utilisés précédemment pour le bétail de Paul de Beaudrap en Saskatchewan. L'emplacement du ranch était excellent. Le seul inconvénient était la route en pente qui y menait, boueuse en automne et au printemps, et complètement gelée en hiver. Mais la rivière Red Deer qui coulait à proximité et une très belle vue compensaient ce désavantage. La comtesse et les enfants arrivèrent par train jusqu'à la petite ville de Red Deer, située entre Calgary et Edmonton, où les attendaient le comte et le capitaine. En route vers leur future maison, ils s'arrêtèrent à l'auberge de Pine Lake où, vu la saleté des pièces qui servaient de chambres, la famille entière préféra camper dans l'écurie, couchant dans la paille et respirant le crottin.

Les Beaudrap baptisèrent leur nouveau domaine « ranch Jeanne d'Arc » et s'installèrent dans la maison au confort sommaire. Ils plantèrent un potager à l'aide d'une petite charrue. Les fils aînés de Roger, Pierre et Jean, arrivèrent à leur tour de France et se mirent immédiatement au travail. Le lieutenant François de Torquat de la Coulerie vint les rejoindre.

De retour en Alberta, Armand Trochu recruta le capitaine Léon Eckenfelder, ancien officier de l'armée, arrivé l'année précédente au Canada où il avait travaillé dans un ranch, près de Willow Bunch, en Saskatchewan. Il n'avait jamais été payé sous prétexte qu'il n'avait aucune expérience agricole. Après plusieurs mois de dur labeur et fatigué d'œuvrer sans recevoir un sou, il était venu à Calgary. Là, il avait été employé pendant quelque temps par le gouvernement pour faire des rapports topographiques de la région située entre Athabasca et la Rivière-la-Paix (Peace River). Ayant entendu parler d'Armand Trochu, il demanda à le rencontrer et prit le train jusqu'à Didsbury. Les deux hommes s'entendirent immédiatement très bien et décidèrent de se mettre en partenariat. Eckenfelder fit des demandes de *homestead* auprès du gouvernement albertain et reçut des terres. Un aristocrate italien du nom de Teodoro Teodoli, issu d'une illustre famille italienne qui avait donné son nom à l'un des palais de Rome, avait appris par des amis communs les projets d'Eckenfelder. Il lui écrivit pour avoir des renseignements sur les possibilités d'établissement dans l'Ouest et offrir son concours. Par retour de courrier, il reçut une invitation à se joindre au petit groupe. Teodoli fut accueilli avec enthousiasme à Trochu Valley.

Le lieutenant Joseph Devilder, contacté en France par Trochu, atteignit à son tour l'Alberta. Une partie de l'argent que lui avait remis son père lui permit de racheter la part de Tabary dans les terres acquises conjointement avec Armand. Dès le retour de Trochu, ses relations avec Georges Tabary s'étaient détériorées. Ce dernier s'était non seulement révélé d'humeur changeante, mais aussi psychologiquement déséquilibré. La belle-mère de Tabary était alcoolique. Rose, sa belle-sœur, venue en vacances, déprimait et piquait des crises d'hystérie. Les membres de la famille se chamaillaient sans cesse. On imagine le tapage dans la petite cabane. Madame Tabary étant constamment souffrante, ils utilisèrent l'excuse de sa santé pour retourner tous en France au printemps de 1905.

Le reste du capital de Devilder l'aida à financer la construction et l'installation d'un ranch. Armand, Eckenfelder et Devilder s'entendirent pour le baptiser « ranch St. Ann » pour commémorer Sainte-Anne d'Auray, lieu de pèlerinage historique en Bretagne cher à Armand Trochu. Le ranch fut enregistré en tant que société agricole en 1905 sous le nom de « St. Ann Ranch Trading Company ». Les parts furent attribuées suivant le montant des investissements des trois hommes : Joseph Devilder en reçut quatre cent soixante-dix, Trochu, soixante-huit, et Léon Eckenfelder, qui lui aussi avait fait venir de l'argent de France, en eut cinquante-deux. Le pourcentage des parts changea par la suite. Sans moyens financiers, Chauny se contenta d'apporter sa part sous forme de travail. Marc de Cathelineau fut le premier employé à être payé puisqu'il y avait désormais de l'argent. Devilder se fit construire une petite maison qui existe toujours. Eckenfelder s'en bâtit une également.

Le ranch St. Ann devint le centre de réunion des nouveaux pionniers de la région. Les Beaudrap, quand ils ne recevaient pas chez eux au ranch Jeanne d'Arc, y étaient toujours accueillis à bras ouverts. Edgar Papillard, ancien pensionnaire d'Armand, acquit des terres auprès du gouvernement albertain. Le marquis de Roderel de Seilhac, Edgar Papillard et Raoul de Preaulx, ces deux derniers, anciens pensionnaires d'Armand, s'installèrent tous les trois dans une ferme située à sept kilomètres au nord-est de Trochu Valley. Ils appelèrent leur ranch P.S.P., initiales de leurs trois noms de famille.

L'arrivée du père Henri Voisin, rejoint plus tard par l'abbé Pierre Bazin, permit aux pionniers de pratiquer leur foi. Le père Voisin avait enseigné l'histoire et l'anglais à l'institut Sainte-Marie de Tinchebray, en Basse-Normandie. La fermeture de l'institut et le fait que les prêtres ne pouvaient plus instruire la jeunesse avaient entraîné son départ de France. À son arrivée en Alberta, l'évêque de St. Albert, près d'Edmonton, Mgr Émile

Legal, lui avait offert de diriger la mission de Red Deer. Dans une lettre à ses parents au sujet de leur première rencontre avec le prêtre, Léon Eckenfelder relata que :

...Depuis longtemps, un prêtre était supposé venir, mais comme il y en a fort peu et que nous vivons à 70 kilomètres du chemin de fer, il n'a pas pu le faire plus tôt.

Vendredi soir, comme nous venions de nous coucher, les chiens se sont mis à aboyer furieusement. C'était notre prêtre qui arrivait à cheval, portant sur sa selle tout ce qui lui était nécessaire pour dire la messe. J'ai dû lui donner mon lit qui était le plus adéquat. Hier, samedi, nous avons informé tous les voisins catholiques et préparé à manger pour tous ceux qui allaient venir. Ce matin, nous nous sommes levés à 4 H pour faire du pain; Nous avons arrangé une chapelle dans la maison de Devilder; le prêtre a écouté nos confessions. Le père Voisin vient de France, n'a pas un sou et passe son temps à cheval, parcourant la contrée par tous les temps, portant les burettes, le calice et les bougeoirs. J'ai servi la messe; Devilder, avec sa voix grave, a chanté. Après la messe, toute la congrégation a pris le petit déjeuner. Toute la tribu Beaudrap était là; le lieutenant de Torquat, les Chauny, Seilhac, Preaulx et Cathelineau. Ensuite, nous leur avons fait faire le tour du propriétaire, avons montré nos travaux qui ont suscité l'admiration; ma maison a remporté beaucoup de succès, bien que l'intérieur ne soit pas fini. Puis, à 4 H, le père Voisin s'est remis en selle avec ses paquets. Devilder lui a donné un manteau d'officier, car il n'a rien pour protéger sa soutane en cas de pluie. Le spectacle n'était pas « ordinaire »; ce brave ecclésiastique avec ses souliers à boucles dans une selle de cow-boy. Il était heureux d'avoir eu un tel accueil; Il était dans l'infanterie... [6]

Le père Voisin a laissé lui aussi un témoignage de leur première rencontre :

Cette même année 1905, j'appris qu'à 16 ou 20 lieues au sud-est d'Innisfail (situé à une cinquantaine de kilomètres de Trochu), s'était formée une colonie d'officiers français dégoûtés ou victimes de leur attachement à la religion. J'y allai et trouvai avec beaucoup d'amabilité, de profonds sentiments chrétiens. J'accédai immédiatement à la demande qu'on me fit d'avoir une messe chaque mois régulièrement. Pouvait-on refuser à d'aussi bons catholiques et compter pour quelque chose les fatigues d'un voyage à cheval de 40 à 50 lieues chaque mois?... [7]

Le père Voisin revint donc régulièrement à Trochu Valley. Il écrivit au sujet de la première messe :

...La première messe dite au ranch Jeanne d'Arc eut lieu le dimanche de la Fête-Dieu en 1905; le ranch ne comprenant encore que deux bâtiments de rondins insuffisants pour contenir l'assistance, on se décida pour une messe en plein air sur les flancs de la grande coulée; l'autel était en feuillage et avait eu pour architecte le capitaine de Beaudrap. Ce fut poétique, ce fut impressionnant cette messe un jour de Fête-Dieu, si loin de la patrie, dans un cadre de nature sauvage et encore solitaire, cette messe que disait un prêtre et à laquelle assistaient des officiers victimes de la même persécution qui désolait leur beau pays de France. [8]

Louis Sculier, l'étudiant en médecine, s'était installé au ranch St. Ann. Dans une lettre écrite par un pionnier du nom de René Gatine à sa famille en France, Sculier est mentionné comme :

...un très charmant garçon quand il n'a pas à vous charcuter... Voilà quelques jours que je suis au Saint-Ann Ranch et au pansement de ce matin, il a retiré quelques esquilles d'os. Il espère néanmoins que d'ici peu, je pourrai marcher. Ces messieurs sont très aimables et très gentils pour moi. [9]

Le territoire de l'Alberta devint officiellement une province en 1905 et comptait cent cinquante mille habitants. À Trochu Valley, ce second groupe d'aristocrates et de roturiers venus de France et financièrement à l'aise avait désormais un étudiant en médecine pour les soigner et un prêtre pour les maintenir dans le droit chemin et veiller sur leurs âmes. Se lançant avec enthousiasme dans l'agriculture et l'élevage, ces nouveaux pionniers achetèrent une centaine de chevaux dont des percherons pour les travaux des champs, plusieurs chevaux de course pour leur usage personnel ainsi qu'une centaine de vaches. Et les ennuis commencèrent...

Première messe au ranch St. Ann
(F. de Torquat, A. Trochu, père Voisin, L. de Chauney, P. de Beaudrap, L. Sculier,
J. Devilder, E. Papillard, M. de Cathelineau, P. de Beaudrap, T.Teodoli, J. de Beaudrap)

Armand Trochu

Armand Trochu

Maison d'Armand Trochu

Maison de Joseph Devilder

Joseph Devilder - dans sa cabane (1905)

La cabane en rondins de Léon Eckenfelder (photo de couverture)

Capitaine de Beaudrap - avec ses enfants

Ranch de Beaudrap (1905)
(E. Papillard, A. Trochu, M. de Cathelineau, L. Eckenfelder, J. Devilder,
J. de Beaudrap, père Voisin, L. Sculier, P. de Beaudrap, L. de Chauney
R. de Beaudrap)

Louis Sculier - ancien étudiant en médecine

François de Torquat

Marc de Cathelineau à cheval

Marc de Cathelineau et Léon Eckenfelder

Groupe (1905)

CHAPITRE 7

AVATARS

Une épidémie de gale, provenant d'autres provinces de l'Ouest, se déclara en Alberta et toucha fortement les animaux. Dès l'apparition de la maladie, Armand Trochu et ses amis avaient remarqué que les bêtes, agitées à cause des démangeaisons, perdaient leurs poils et maigrissaient à une vitesse alarmante, mais novices en la matière, ils ne savaient que faire. Heureusement, le gouvernement intervint et donna l'ordre de baigner tous les animaux de la province dans des produits spéciaux afin d'enrayer l'épidémie. Entre Trochu Valley et le petit village d'Huxley, situé à treize kilomètres, d'immenses cuves furent remplies de lotion anti-gale pour soigner le bétail que l'on devait submerger tous les quinze jours. Les fermiers de l'Alberta y amenèrent leurs troupeaux. En peu de temps, l'endroit comptait des milliers de bêtes à cornes. Plutôt que de retourner chez eux, les Français campèrent sur place, au détriment des travaux à exécuter dans leurs ranchs à Trochu Valley et à proximité. Bien que s'occupant jour et nuit de leurs animaux, ils en perdirent toutefois un grand nombre.

Cette catastrophe n'empêcha nullement le début de l'expansion de Trochu Valley. On bâtit un large relais pour loger les voyageurs de passage et une cuisine pour les nourrir. On y ajouta une écurie pour leurs chevaux. Dans la cuisine, deux cuisiniers chinois travaillaient à temps plein. La viande provenant du ranch Jeanne d'Arc et les légumes du ranch St. Ann étaient toujours au menu. Le relais se révéla assez spacieux pour y installer plus tard un bureau de poste et une épicerie. Sous peu, l'endroit servit aussi de salle de réunion et de salle de danse. Il fallait bien se distraire sur place, car les voyages pour se rendre à Calgary et Edmonton étaient longs et fatigants.

L'année suivante, un autre désastre se déclara sous forme d'un feu de Prairie qui mit les résidents de Trochu Valley sur le qui-vive. L'accident se produisit près d'Olds, village situé entre Calgary et Red Deer, où le tas de bois de deux agriculteurs prit feu le 31 mars 1906. À cause de la sécheresse et surtout du vent, l'incendie se répandit comme une traînée de poudre. Tous les habitants se mobilisèrent pour le combattre. Ils l'avaient maîtrisé et s'en félicitaient quand un orage qui se préparait le raviva. Le vent était tellement fort que le feu prit des proportions terrifiantes. Le comte Paul de Beaudrap écrivit dans son journal le lendemain :

1er avril 1906

Je me lève à 5 H 45 avec l'intention d'aller à la messe à Trochu Valley. J'arrive à 6 H 15 au sommet de la coulée pour voir où en est le feu que j'avais vu la veille au soir. Quand je vis combien il était proche, je rentrai et fis chercher par la famille toutes les vieilles salopettes et tout ce que nous pouvions trouver pour lutter contre le feu. Nous avons combattu le feu jusqu'à 5 H du soir. Nous l'avons combattu le long de la coulée jusque chez Cutmore et Gandy. Ils étaient tous deux partis à Didsbury. Nous avons sauvé leur maison, mais la grange a brûlé. Une tempête de neige nous aida ce soir-là. Le feu a brûlé toute l'herbe, sauf une petite langue entre les coulées que l'on a coupée pour le foin. Ce même incendie balaya Trochu. Un grand nombre de chevaux d'un large troupeau furent brûlés là-bas, mais certains y échappèrent en galopant vers le marécage en contre-bas, à l'est du ranch. [1]

Le père Henri Voisin fit aussi un récit de l'incendie de l'année, se mentionnant lui-même à la troisième personne, sans doute pour renforcer les effets dramatiques. Il se trouvait alors au ranch St. Ann :

Le 1er avril 1906, un immense feu de prairie, qui fut presque un désastre, s'abattit sur le pays. C'était la veille de la messe mensuelle... On sort, le ciel est en feu derrière les collines et, au loin, on entend un bruit sinistre et profond qui se rapproche. L'ouragan de flammes et de vent venait sur nous.

À ce moment, il n'y avait que deux hommes au ranch, plus un cuisinier chinois et le père Voisin qu'accompagnait un capitaine des milices de Madagascar. En toute hâte, on prend des dispositions... Mais déjà le fléau était sur nous, une grande flamme sauta d'un bond des hautes collines jusque dans le fond de la coulée, et la seconde après, nous étions dans une mer de flammes et de fumée. Réfugié dans un jardinet, le père Voisin, la tête entourée d'un sac mouillé entend une voix qui crie « Avez-vous lâché l'étalon? » « Non! » « Il va brûler, tâchez de le faire sortir ». Tâche difficile, car déjà l'écurie entourée de flammes semblait condamnée. Le père Voisin se précipite, détache l'animal, le pousse vers la porte, mais à chaque fois, effrayé par les flammes, l'animal se retourne. Enfin, le frappant de son sac mouillé, il le fait sortir.

...On protège la maison puis l'écurie. Bientôt les deux hommes partis à la pâture à chevaux reviennent nous prêter main forte; ...Une partie de la nuit se passa à éteindre la meule de foin toujours en feu... [2]

Teodoro Teodoli, l'aristocrate italien, tenta également de sauver les chevaux. Enfourchant un cheval de course extrêmement rapide, il atteignit les paddocks où se tenaient les animaux et en ouvrit les barrières. Le feu le devança et plusieurs chevaux furent tellement brûlés qu'il fallut les abattre. Le père Voisin décrivit également le lendemain de l'incendie :

La messe basse dite de bonne heure le dimanche matin fut bien triste : officiant et paroissiens étaient harassés et abattus par le sérieux du désastre. Meules de foin détruites, pâturage anéanti pour le moment, et le plus triste, trente gros chevaux entassés dans le coin de la pâture où le feu les avait poussés là, mornes, les crins et les yeux brûlés, les corps gonflés, loques lamentables. Le feu avait continué dans sa course folle dévastant le pays sur une longueur de cinquante milles. [3]

Les divers bâtiments des ranchs Jeanne d'Arc et St. Ann furent épargnés, mais le ranch P.S.P. qui appartenait au baron de Preaulx, au marquis de Rodorel de Seilhac et à Edgard Papillard, disparut dans les flammes. Démoralisés au plus haut point par la perte de leur maison et d'une grande partie de leur bétail et fortement déçus par la tournure des événements, le baron et le marquis retournèrent en France quelque temps plus tard. Papillard, lui, resta à Trochu Valley.

Après avoir vendu sa maison de Calgary, madame de Chauny fut l'une des premières personnes à venir vivre près de Trochu Valley. Elle s'installa chez son fils Louis, avec ses autres enfants. Au printemps 1906, Marc de Cathelineau, qui s'était fait construire une grande maison, fit venir de France sa mère, son épouse Marguerite, née Dubard, l'un de ses frères appelé Bertrand, et trois de ses sœurs, Marie-Thérèse qui avait épousé le vicomte Victor de Gennes, Jacqueline et Catherine. Dans une lettre, Armand Trochu donne son opinion sur les quatre femmes de la famille de Cathelineau :

Madame de Cathelineau : très bien, très aimable, ne sortant jamais et passant son temps à faire les raccommodages de toutes sortes; elle fait les miens en même temps, ce qui m'arrange fort!

Madame de Gennes, 32 ans, très gentille, très sérieuse, ne quittant pas la maison, c'est elle qui est chargée de la cuisine et elle s'en acquitte consciencieusement.

Jacqueline de Cathelineau : 18 ans, travaille quand ça lui dit, pas très intelligente mais bonne fille.

Catherine de Cathelineau 16 ans, un diable déchaîné, pire qu'un garçon, passe son temps à l'écurie à pouponner les chevaux, monte n'importe quel cheval, toujours prête à rendre service pour les travaux extérieurs, ne vaut rien pour les travaux à la maison.

En résumé, cela marche bien. Chacun fait sa petite affaire...[4]

On ne sait toutefois pas si madame de Cathelineau telle que mentionnée par Armand Trochu était la mère ou l'épouse de Marc. Rien n'a été découvert au sujet du vicomte de Gennes.

Un couple, les Martin-Zédé, arriva également à Trochu Valley et y resta deux ans. Des rumeurs circulèrent au sujet d'une association avec Teodoli pour exploiter des mines de charbon, mais le projet fut abandonné. Il y avait du charbon en grandes quantités dans la région, mais les mines locales, mal organisées, n'étaient pas d'un grand rendement. On ignore qui était exactement monsieur et madame Martin-Zédé, mais ils semblaient importants aux habitants de Trochu Valley. Aucune autre information à leur sujet n'existe. Peut-être étaient-ils de la famille de Georges Martin-Zédé, ami du célèbre et riche Henri Menier, propriétaire de la grande usine de chocolat du même nom. Georges Martin-Zédé était gouverneur de l'île d'Anticosti, île naturelle du golfe du fleuve Saint-Laurent, au Québec. En 1895, elle avait été vendue pour cent vingt-cinq mille dollars à Henri Menier qui en avait fait une réserve personnelle de chasse et de pêche. Elle fut rachetée plus tard par le gouvernement du Québec.

D'autres personnes vinrent s'établir dans la région. Parmi les nouveaux arrivants, on comptait un forgeron professionnel du nom de Frank Dorland qui devient le premier maréchal-ferrant à s'installer à Trochu Valley. Il avait été persuadé par Armand Trochu et ses amis du ranch St. Ann et par les Beaudrap qu'il aurait assez de travail pour en vivre. Une Française, Lucie Figarol dont la fille Valentine allait plus tard épouser Léon Eckenfelder, écrivit au sujet de son arrivée dans la région :

Je suis née à Paris, en France, et j'ai vécu dans cette ville jusqu'en 1905. Cette année-là, je suis venue en Alberta avec ma fille et mon plus jeune fils rejoindre mon mari et notre fils aîné. Mon mari avait acheté un ranch à 30 milles au sud-est de ce qui est maintenant Stettler. Le chemin de fer entre Red Deer et Stettler était en construction. Nous avons dû aller de Red Deer jusqu'au ranch à 100 miles de là. Les endroits où nous nous sommes arrêtés étaient assez bizarres. Les hommes et les femmes dormaient dans le même grenier, séparés par des draps tendus. [5]

Armand Trochu ne ménagea pas ses efforts et son temps pour aider à l'établissement de la petite colonie française. Il se rendit en personne à Ottawa rencontrer le premier ministre du

Canada, Sir Wilfrid Laurier, et plusieurs ministres avec lesquels il s'entretint longuement du développement de l'Ouest. Cette visite fut un grand succès :

J'ai obtenu beaucoup de faveurs, telles que création de chemins, de ponts sur la rivière et enfin un bureau de poste qui fonctionnera à partir de mai ou juin et qui portera le nom de Trochu Valley. [6]

Le 1er septembre 1906, à cause de la population qui s'agrandissait et comme promis à Armand Trochu, on ouvrit officiellement le nouveau bureau de poste. L'ancien, qui se trouvait à Sunnyslope, fut fermé. Armand prit les fonctions de receveur des postes et de facteur. Il transportait le courrier en charrette, le distribuant entre Trochu et Three Hills sur une distance de quinze kilomètres. Il faisait à lui seul tout le travail nécessaire au bureau de poste, en plus de son travail au ranch. Trois ans plus tard, on décida d'installer un nouveau centre de triage du courrier à Olds. Le système postal se développait en Alberta.

Après l'épidémie de gale qui avait fait des ravages parmi le bétail, après le feu de Prairies qui en avait fait d'autres parmi les habitations, les chevaux et les champs, un troisième fléau s'abattit sur les pionniers. Un froid polaire sévit au cours de l'hiver de 1906-1907 en Alberta. Paul de Beaudrap était l'un des rares habitants de Trochu Valley à posséder un thermomètre dont il rapportait quotidiennement les données dans son journal. Pendant des semaines, la température oscilla entre trente et cinquante degrés en-dessous de zéro et descendit même jusqu'à cinquante-cinq degrés en-dessous de zéro. À certains endroits, la neige atteignait une hauteur d'un mètre vingt. Dans un grand ranch des environs de Calgary, seulement deux cents bovins sur les deux mille qui y vivaient survécurent au froid et à la pénurie de foin. D'énormes quantités de foin avaient été détruites par l'incendie. Ce qui en restait devait être transporté pour nourrir les animaux sur de longues distances rendues difficiles par le froid et la glace. Le 14 janvier 1907, du bétail provenant de Trochu Valley arriva au ranch Jeanne d'Arc, marchant avec grandes difficultés, les pattes à vif et saignantes, lacérées par le vent. Ce jour-là, la température était au point le plus bas. Le lendemain, ayant planifié d'aller chercher du charbon à la mine Ghost Pipe pour chauffer leur maison, les Beaudrap changèrent d'idée, décidant qu'il était trop dangereux de s'aventurer dehors. Ils s'y rendirent quelques jours plus tard, quand la température remonta. Dans son journal, le comte écrivit que le 17 janvier était une « belle journée », la température atteignant alors quarante-trois degrés au-dessous de zéro. Dans ses souvenirs, Lucie Figarol raconta :

...L'hiver de 1906-1907 fut tellement froid qu'on l'appela « le dur hiver ». Les animaux tombaient comme des mouches. Nous avions seulement un feu dans la maison et se mettre au lit était comme plonger dans l'eau glaciale. J'ai dû bander les pieds d'un homme qui avait perdu plusieurs orteils gelés. C'était le seul survivant d'un groupe de trois qui s'était perdu dans la neige. [7]

On comprend l'effroi et la perplexité des Français et de tous les autres pionniers qui n'avaient jamais connu de températures aussi basses. On les imagine terrés dans leurs maisons, grelottant de froid, se rongeant les ongles d'anxiété et craignant la prochaine péripétie. Ils devaient aussi se demander ce qu'ils étaient venus faire dans un endroit pareil et prier le ciel de se montrer plus clément.

Finalement, à leur grand soulagement, les désastres cessèrent à partir du printemps de 1907. Un contingent de nouveaux arrivants venant des quatre coins d'Europe, parmi lesquels un certain nombre rejoignant leurs familles déjà établies à Trochu Valley, fit que l'endroit s'agrandit considérablement. Parmi eux se trouvait un ancien officier de l'armée française. Le baron Hardouin de Reinach-Werth était alsacien et parlait, outre le français, l'allemand et l'anglais. Admis à l'école prestigieuse de Saint-Cyr, il avait commencé sa carrière dans la cavalerie, mais bientôt, s'était retrouvé criblé de dettes. L'Ouest lui parut la réponse à ses ennuis pécuniaires. Ne manquant pas d'idées, il décida d'installer une crémerie à Trochu Valley.

À cet effet, Reinach-Werth partit à New York suivre des cours intensifs en administration des affaires auprès du Packard Business College pendant plusieurs semaines. Quand il revint à Trochu Valley, Teodoro Teodoli se joignit à lui pour mettre sur pied la crémerie.

Les deux partenaires se lancèrent dans la fabrication commerciale du beurre. Ayant constaté que les quantités de lait produites dans la région n'étaient pas suffisantes pour manufacturer ce produit, le baron et Teodoli investirent dans un large troupeau de vaches laitières. Ils avaient espéré que les gens locaux leur rachèteraient les animaux à crédit. Les mensualités auraient alors permis aux deux hommes de réinvestir l'argent dans la gestion et l'agrandissement de la crémerie. Les pionniers des alentours, peu fortunés, ne se précipitèrent pas sur l'offre. Reinach-Werth et Teodoli avaient vu grand. Leur projet échoua à cause des problèmes de transport. Le beurre, partant en charrette jusqu'à Didsbury ou Olds, devait être ensuite transporté par chemin de fer jusqu'à Calgary ou Edmonton. Trop souvent, le beurre, bien que recouvert de glace, arrivait complètement fondu à destination. Plusieurs essais pour l'envoyer par bateau jusqu'à Vancouver ne remportèrent pas plus de succès. Le beurre atteignait le port, puant et ranci à l'extrême. Cela rappelle les essais infructueux des comtes de Saint-Hubert pour fabriquer du gruyère. Les produits laitiers ne semblaient pas porter chance aux aristocrates et semblaient même les vouer à l'échec. La crémerie continua à fonctionner tant bien que mal pendant plusieurs années, alimentant en beurre les rares personnes pouvant se permettre d'acheter cette denrée. Elle fut finalement fermée. Les cours suivis par Reinach-Werth au Packard Business College de New York n'avaient pas porté leurs fruits.

Le baron et Teodoli avaient aussi ouvert un petit magasin d'outillage, en sous-traitance avec la compagnie Deering, Emerson & Cockshutt. La vente de machines agricoles était assez restreinte à l'époque, car peu de fermiers pouvaient se permettre financièrement de les acquérir. Le magasin représentait surtout un succès social, car en peu de temps il devint le lieu de rencontre de tous les habitants des environs qui venaient y parler de leurs problèmes agricoles et personnels. Reinach-Werth écrivait les lettres qu'on lui dictait en anglais et en allemand. Teodoli distribuait de bons conseils et tout le monde discutait politique.

Les Français allaient voir certains de leurs projets et idées se réaliser avec succès et d'autres échouer pour causes diverses. Mais la région leur plaisait et prenait de plus en plus d'importance économique. Ils avaient tous un moral d'acier et étaient très occupés. Eckenfelder souligna dans une lettre à ses parents « qu'ils étaient tout simplement en train de fonder une petite ville » et que :

...Nous vivons une période d'activités intenses. Notre nouvelle contrée change à une rapidité inconcevable. D'une semaine à l'autre, nous ne reconnaissons pas les divers endroits. Il y a de nouvelles maisons de construites. Où il y avait seulement de l'herbe, nous y voyons maintenant des terres labourées et des clôtures. [8]

Cela résumait les projets et les ambitions de la petite colonie.

Comte Louis de Mallet de Chauny, M. Chatillon, vicomte Raoul de Préaulx,
marquis de Roderel de Seilhac

Le baron Hardouin de Reinach-Werth

CHAPITRE 8

DÉVELOPPEMENT DE TROCHU VALLEY

Le président de la compagnie du chemin de fer Canadien Pacifique informa Armand Trochu qu'on envisageait la construction d'une nouvelle ligne ferroviaire. Elle allait passer à Trochu Valley même pour rejoindre les voies ferrées de Calgary et d'Edmonton. Armand mit aussitôt Joseph Devilder au courant de ce projet. Enthousiaste, celui-ci convainquit les habitants que c'était l'occasion idéale pour agrandir le village. Avec magasins, boutiques, bureaux, hôtel et établissements divers, cela deviendrait la petite ville dont ils rêvaient tous. Le relais, la forge et la crémerie avaient été bâtis dans la vallée, mais la colline qui la dominait, située au Nord, offrait le meilleur site pour le projet important que constituait l'accroissement de Trochu Valley. Des arpenteurs divisèrent les lieux à la fois pour la future voie ferrée et pour l'agrandissement du village. Dès la fin de l'hiver, divers travaux de construction commencèrent. Armand Trochu écrivit en 1906 :

...Ce chemin de fer qu'on va construire pour l'année prochaine va nous donner un grand développement et a déjà triplé la valeur des terres; les ingénieurs du tracé de la voie qui faisait passer la ligne à environ 4 kilomètres de mes maisons, ont dérangé le tracé pour le faire passer juste sur la colline au-dessus des maisons, croyant nous faire plaisir et font traverser

une coulée sur un viaduc monumental; je suis en train de les sermonner pour qu'ils le fassent passer à 4 ou 500 mètres, et ils vont le faire; la gare sera ainsi à 0,5 kilomètre, ce qui sera bien; la ville se construira rapidement. Nous recevons déjà de tous côtés des demandes d'achats de terrains, mais comme nous possédons tous les terrains de la future ville, nous ne sommes pas pressés de vendre... [1]

Le premier bâtiment à être érigé fut le poste de la Police montée du Nord-Ouest avec une petite prison contenant trois cellules, ainsi qu'une écurie pour les chevaux des policiers. Les frais de construction furent pris en charge par la compagnie du ranch St. Ann. On fit venir un détachement de trois policiers du village de Carbon, sous le commandement du caporal Tucker.

Les frères de Beaudrap firent construire une boucherie où ils vendaient la viande provenant de leur bétail. Ils l'ouvrirent deux fois par semaine pour commencer, car le nombre de clients n'en justifiait pas encore l'ouverture quotidienne. Toutefois, ils avaient bon espoir que l'affaire allait se révéler florissante.

En 1907, Joseph Devilder se rendit en France pour rendre visite à sa famille et ramena sa sœur Philomène et son époux, Jean Butruille, de la célèbre famille de brasseurs du nord de la France. Ils arrivèrent à Trochu Valley avec trois wagons bourrés à craquer et contenant quarante-huit caisses. Ils étaient accompagnés de leurs cinq enfants et de leur gouvernante, d'une employée de maison, d'un cuisinier et d'une femme de chambre. Certains s'installèrent tant bien que mal et provisoirement dans la maison de Devilder. On se demande encore comment ils y entrèrent tous. D'autres restèrent dans des maisons d'amis. Pour commencer, le couple Butruille s'occupa de l'épicerie qui se trouvait dans le relais. En peu de temps, ils firent construire leur propre magasin général qui remporta beaucoup de succès, vu sa position au sein du nouveau site du village. On y vendait de tout. Dès son ouverture, le système de paiement intrigua fortement les esprits. L'argent et la facture étaient déposés dans un cylindre pneumatique qui partait sur des rails jusqu'à la caisse et en revenait de la même façon avec la monnaie. Plusieurs enfants d'aristocrates y travaillèrent comme vendeurs ou aidèrent les propriétaires. En 1908, les affaires marchant extrêmement bien, les Butruille ouvrirent un second magasin à Tolman, à quinze kilomètres de Trochu, et un troisième, à Perbeck, près de Huxley, de l'autre côté de la rivière Red Deer. On pouvait s'y rendre en bac quand le temps le permettait. À une époque où en France les bourgeoises et les épouses d'aristocrates ne travaillaient pas hors de chez elles, Philomène Butruille était une exception. Elle s'occupait non seulement de la vente, mais aussi de la comptabilité.

Bon vivant, Marc de Cathelineau, qui ne manquait pas d'idées lui non plus, décida de faire construire une salle de danse pour rassembler régulièrement tous les habitants de la région. Pour son inauguration, les Butruille l'aidèrent à organiser une grande soirée où tout le monde fut invité. Les gens vinrent de plus de quatre-vingts kilomètres à la ronde. L'orchestre était composé d'un piano, d'un violon, d'un violoncelle, d'une guitare et d'une mandoline. Ce fut le début d'une tradition qui dura plusieurs années. Seuls les hommes devaient payer le billet d'entrée. Les dames y étaient admises gratuitement. Cathelineau mit aussi sur pied un petit magasin qui vendait des harnais pour les chevaux et un peu de matériel d'équitation. Le jeune Guy de Vautibault, nouvellement arrivé et âgé seulement de dix-sept ans, s'associa à lui.

Ayant entendu dire que l'on trouvait facilement du pétrole en Alberta, Joseph Devilder et les autres partenaires du ranch St. Ann rêvaient d'en découvrir également à Trochu Valley. Ils investirent dans ce qu'ils pensaient être du matériel de forage. Malheureusement, c'était de l'outillage pour repérer les sources d'eau et qui ne pouvait pas forer à plus de cent mètres. Ils ne décelèrent évidemment que des poches d'eau, ce qui n'était guère étonnant vu qu'ils avaient creusé près de la rivière Red Deer. Ce projet fut donc un échec. Mais d'autres événements plus positifs allaient leur permettre d'oublier cet épisode malchanceux.

En mai 1907, Armand Trochu retourna en France, puis revint au Canada avec son épouse, Marguerite, et leurs trois filles, Adrienne, Guite et Lucie. Il n'avait pas voulu les faire venir dans l'Ouest tant qu'il n'était pas bien installé. Avant son arrivée, Marguerite avait envoyé maintes missives aux Françaises de la colonie. Cachant son appréhension tant bien que mal, elle leur avait demandé des renseignements précis sur le genre d'existence qui l'y attendait. Cela faisait six ans déjà que les époux étaient séparés. Leur fille aînée, Adrienne, ne s'aventura pas jusqu'en Alberta. Elle préféra entrer au couvent des Sœurs de la Sagesse d'Ottawa. La femme d'Armand ne s'impliqua guère dans la vie sociale de la communauté francophone. Par contre, d'après des lettres écrites à leur famille en France, les deux plus jeunes, Guite et Lucie, apprécièrent leur séjour dans l'Ouest et le trouvèrent fort intéressant. Guite décrivit un bal auquel le village entier fut convié. La jeune fille semblait ravie des distractions qu'offrait Trochu Valley :

...Ici, nous avons eu vendredi dernier un grand bal de 300 personnes, offert par les Butruille. C'est moi qui ai fait tous les pâtés de foie, destinés pour les sandwichs. Toute la journée de

vendredi, tout le monde ici a travaillé sans s'arrêter à faire des sandwichs et à tout préparer pour le bal. J'avais aussi aidé à faire des guirlandes de sapin pour orner la salle. Il y avait -20 degrés et comme il fallait travailler sans gants, les sapins gelés vous écorchaient les mains paralysées de froid. C'était un vrai supplice et comme je n'avais pas mon manteau de fourrure, j'y ai gagné un torticolis épouvantable. Nous avons fait aussi quantités de fleurs en papier, des papillons, etc... Mais le bal était réussi, l'orchestre était très bon, la salle, très bien chauffée, trop même; on a été obligé d'ouvrir les fenêtres et cela faisait un effet bizarre au milieu de ces lumières et de ces fleurs, d'apercevoir par les fenêtres ouvertes la steppe couverte de neige qui semblait bleue et ces chevaux qui semblaient des bêtes énormes et fantastiques, je ne sais trop par quel effet optique, absolument comme des décors de théâtre. Le bal a été plein d'entrain, les danses se suivaient sans interruption, tant et si bien que maintenant tout le monde est malade ou esquinté à Trochu Valley; les uns ont mal aux pieds, d'autres à la gorge et d'autres sont au lit, etc.... Il y aura un autre bal le 15 mars, offert par les Américains, mais nous n'irons pas. Nous serons en carême. [2]

Les Français célibataires commencèrent à convoler. Le premier à se marier fut Louis de Chauny qui épousa le 24 juin 1907 à Innisfail, Gabrielle Humbert, née à Saint-Pierre et Miquelon. On ne sait rien d'autre au sujet de la nouvelle épouse, de ses antécédents ou de leur rencontre.

Ce mariage fut suivi le 19 juillet par la première journée d'événements sportifs de Trochu Valley qui remporta un vif succès. Plusieurs concours équestres eurent lieu où cow-boys locaux et anciens militaires de la cavalerie française s'affrontèrent. Il y eut une parade où charrettes et véhicules divers, joliment décorés et encadrés par des cavaliers, défilèrent dans la rue principale au son de la fanfare venue de Didsbury. Le magasin général des Butruille était représenté par une charrette de l'époque, appelée une démocrate, à laquelle étaient attelés six chevaux gris. Une banderole, accrochée sur le côté, indiquait que c'était non seulement le plus grand magasin de Trochu Valley, mais que les prix y étaient aussi très raisonnables.

Les pionniers français étaient tellement fiers de leur équipage de six chevaux gris qu'ils l'utilisèrent le 26 juillet pour la bénédiction de la nouvelle petite église. Le père Voisin relata :

...La compagnie du ranch St. Ann prit à sa charge la construction d'une gracieuse petite église durant l'été de 1907 et Legal fut invité à venir la bénir. Ce fut une journée mémorable que celle de cette visite. Toute la colonie à cheval se porta à six milles à la rencontre de Monseigneur qui venait d'Innisfail en buggy. On lui fit quitter sa voiture pour une démocrate traînée par six magnifiques chevaux gris tous semblables... et on partit à grande allure. Le lendemain, les cavaliers, tous officiers experts, couraient en l'honneur de leur évêque un « steeple chase » des plus intéressants. [3]

Le père Voisin oublia de mentionner que Monseigneur Legal, terrorisé par la vitesse à laquelle il se déplaçait, pensait sa dernière heure arrivée. Il garda la main sur le frein de la voiture pendant le rapide trajet qu'on lui fit subir. Mais, impressionné par l'élégance de ce moyen de transport qu'il prenait pour la première fois, il n'en déclara pas moins que : *Jamais aucun Gouverneur général n'avait voyagé dans un tel apparat à travers les prairies de l'Ouest.* [4] Mais lui l'avait fait!

Mgr Legal reprit ses esprits devant l'église. La construction en avait été accélérée à cause de la date du mariage de Léon Eckenfelder et de Valentine Figarol qui eut lieu en octobre 1907. Cécile Eckenfelder, fille du couple, écrivit dans ses mémoires :

En 1907, mon père avait plus de 30 ans. Il songeait à se marier. Le sort voulut qu'au printemps, la petite colonie reçût la visite de Georges Figarol, fermier français propriétaire du ranch Cut Bank Lake, à 80 kilomètres à l'Est et à près de 55 kilomètres au sud-est de Stettler. Il avait émigré en 1899, quittant Paris après que son cabinet de notaire ait fait faillite. Il avait d'abord été fermier près de Sylvan Lake, mais en 1900 il était allé avec un certain M. Martin, à 160 km à l'est de Red Deer, afin de recommencer là où il y avait des sources d'eau sulfureuse, une région qui ne gelait pas l'hiver. En 1903, son fils aîné, François est arrivé, suivi en 1905 par sa femme Lucie, sa fille Valentine, alors âgée de 20 ans et son fils cadet Raymond, 13 ans. À l'époque, la plupart des mariages entre Français étaient plus ou moins arrangés par les parents. M. Figarol eut vent des jeunes hommes de Trochu Valley et il est donc venu non seulement acheter un cheval, mais également chercher un mari pour sa fille. Le beau capitaine Eckenfelder semblait faire l'affaire. Peu de temps après, mon père traversait la prairie vers le ranch Figarol. Ma mère l'a vu arriver et est allée chercher des œufs dans la grange afin de le rencontrer la première. C'était le coup de foudre. Les fiançailles ont eu lieu au ranch Jeanne d'Arc, appartenant aux de Beaudrap, à une vingtaine de kilomètres de Trochu. C'était très romantique; les Figarol, mon père et les de Beaudrap sont allés sur les rives de la rivière Red Deer. Ils sont descendus dans la vallée et mon père s'est agenouillé et a demandé la main de ma mère. Lorsqu'ils remontaient, il y eut un orage et mon père devait abriter ma mère sous son manteau. Un grand dîner de fiançailles fut organisé chez les de Beaudrap. Quelques mois plus tard, ils se sont mariés dans la petite église construite à côté du ranch, en haut de la colline. La journée du 10 octobre 1907 fut très belle. Ils sont allés à Calgary passer leur lune de miel – ils devaient aller à Banff, mais le ranch n'avait pas donné d'argent à mon père. Après quelques jours à Calgary, ils sont rentrés à Trochu Valley ... [5]

L'une des filles d'Armand Trochu envoya une lettre à sa tante au sujet du mariage :

...Grands préparatifs de l'église qui est absolument ravissante, toute ornée de branches de sapins apportées par les Beaudrap et d'oriflammes que madame Butruille a apportés de France; le grand autel est orné de bouquets de roses blanches faits avec nos couronnes du mois de Marie. Vos roses, chère tante, ornaient l'autel de la Sainte-Vierge et les petits bouts de fleurs rouges que vous nous avez expédiés étaient piqués dans la verdure de l'autel du Sacré-Cœur. Je me suis exercée dans l'église pour jouer l'entrée et la sortie de la messe de mariage que je joue à 4 mains avec le docteur Sculier. Je ne serai donc pas dans le cortège et c'est heureux avec la tête que j'ai depuis ma chute. Du reste, il n'y a pas de vrai cortège. Maman conduit monsieur Eckenfelder, et monsieur Figarol, sa fille, les autres suivront; c'est sans cérémonie tout cela, Monsieur Eckenfelder étant en grand deuil de sa mère; la mariée est en costume tailleur selon la mode du pays. [6]

On ignore si le comte et la comtesse de Foras, arrivés de Savoie en 1903 à High River avec leurs enfants, furent de la noce. Ils étaient d'excellents musiciens. Leur fille Odette à qui le comte donna dès son plus jeune âge des leçons de chant devint une soprano très réputée au Canada, après avoir étudié à la célèbre Académie royale de musique de Londres.

Eckenfelder avait écrit à sa famille que sa future belle-mère, Lucie Figarol, qu'il trouvait exquise, s'était tellement bien assimilée à la vie de l'Ouest et parlait l'anglais si couramment qu'on aurait pu la prendre pour l'épouse d'un fermier américain. La réaction de madame Figarol à de tels compliments reste inconnue. Le futur époux ajoutait aussi que sa fiancée était non seulement une maîtresse de maison accomplie, mais aussi très bien éduquée et toujours de bonne humeur. Eckenfelder était sur les rails du bonheur conjugal.

Le développement de Trochu Valley se poursuivait toujours. En 1908, on installa le premier téléphone de la région entre le magasin des Butruille et le ranch St. Ann. Peu à peu, on déplaça les anciens bâtiments. Le déménagement de la forge demanda des efforts considérables de la part des habitants qui vinrent aider avec leurs chevaux et leurs bœufs. Ils la tirèrent le long d'une pente très raide. Cette même année, Sculier, qui servait à l'occasion de médecin, et un pionnier du nom de Jean Crépin, firent bâtir un hôtel qu'ils mirent d'abord en gérance, puis vendirent deux ans plus tard, après avoir reçu la permission d'y ouvrir un bar. Ce qui fit dire à Eckenfelder :

...l'hôtel a un permis d'alcool qui a été difficile à obtenir, et grâce à ça, il y a des ivrognes dans la rue, tout comme dans une vraie ville! [7]

Les Martin-Zédé, couple dont on ne sait rien si ce n'est une mention retrouvée d'un projet commun avec Teodoli pour exploiter une mine de charbon, quittèrent le village. Marguerite Trochu, la femme d'Armand, mentionna à leur sujet que c'étaient « des amis charmants et distingués, puis ils nous faisaient gagner beaucoup d'argent ». Sans doute vivaient-ils au ranch St. Ann où ils payaient pension.

Sculier aussi s'en alla vers d'autres cieux, mais aucune date précise n'a été retrouvée quant à son départ.

Le printemps 1908 vit le départ de Joseph Devilder qui retourna en France pour raisons familiales. Son frère venait de décéder. Son père, tombé malade, lui avait demandé de venir s'occuper de la banque familiale. Ce fut avec beaucoup de regrets que Devilder quitta l'Alberta pour rentrer à Lille et devenir administrateur. Il avait énormément apprécié les quatre années passées à Trochu avec ses hauts et ses bas. Il écrivit plus tard :

Cela a été les meilleures années de ma vie. Une vie de labeur, de privations, une vie en plein air, à monter à cheval, de dangers, de grandes et belles activités physiques. [8]

Il ajouta qu'il avait autant aimé sa vie en Alberta que sa vie de soldat. Ce qui n'était pas peu dire.

Les habitants le virent partir avec tristesse. Devilder vendit ses chevaux à Edgar Papillard et ses terres à un pionnier du nom de Gédéon Mathieu, selon un plan financier préconisé par le père Voisin. Edgar Papillard emménagea alors dans la maison voisine, à l'est de celle laissée par Devilder.

Subitement, Trochu Valley devint Trochu tout cours. Cette nouvelle désignation, utilisée à la poste, donna un certain cachet à la petite localité. Comme le nombre d'enfants vivant dans la région augmentait régulièrement, on projeta aussi d'ouvrir une petite école.

Le père Voisin retourna en France en 1908 où il fit la promotion du village de Trochu, espérant attirer de nouveaux pionniers en Alberta. Le *Red Deer Advocate* imprima que :

Le père Voisin écrivit qu'il avait complété tous les arrangements pour la fondation d'un hôpital et d'un pensionnat à Red Deer, au nord de la rivière, site qu'il avait acheté lui-même l'année précédente. Six religieuses d'un ordre français vont sous peu arriver à Red Deer. Le père Voisin a l'intention d'établir un collège où l'on enseignera le français et l'anglais. Il a aussi organisé le voyage de plusieurs familles en provenance de différents endroits de France qui viendront au printemps. [9]

Le 8 octobre 1908, quatre religieuses de l'ordre des Sœurs de la Sagesse auxquelles s'étaient jointes deux autres religieuses canadiennes arrivèrent à Red Deer. Le couvent Saint-Joseph n'était pas encore terminé, mais les sœurs s'y installèrent tout de même. Sous peu, les premières pensionnaires vinrent les rejoindre pour commencer leur éducation.

Le père Voisin revint quelques mois plus tard, en février 1909. Cette année-là, l'abbé Pierre Bazin, devenu le révérend père Pierre Bazin, vint s'installer à Trochu. C'était le premier prêtre résident. Le premier médecin diplômé, le docteur Milne, arriva de Calgary pour exercer ses fonctions avant même qu'il n'y eût un hôpital. En 1908, Roger de Beaudrap décéda lors d'un séjour en Europe. Alors qu'il rendait visite à ses filles en Suisse, il tomba malade et mourut dans une clinique de Lausanne. Trochu perdit ainsi l'un de ses premiers pionniers.

L'année suivante, le 15 août 1909, plusieurs sœurs de la Charité de Notre-Dame d'Evron, communauté religieuse de France, arrivèrent à Calgary avec leur mère supérieure, la mère Marie-Louise Recton. Elles y furent accueillies par Armand Trochu, le révérend père Hippolyte Leduc et le révérend père Ciron. Ces deux derniers étaient en Alberta depuis 1867. Ils étaient aussi tous deux originaires d'Evron.

Le lendemain, les sœurs et leurs hôtes prirent tous ensemble le train jusqu'à Trochu où le père Bazin, Eckenfelder, les Beaudrap, la famille Dubruille au complet, Reinach-Werth et Louis de Chauny leur firent un accueil des plus chaleureux au ranch St. Ann. En attendant qu'on leur bâtisse un couvent, les sœurs s'installèrent dans l'ancien relais.

La construction de l'hôpital se faisait toujours attendre. Mais, quand ils apprirent que certaines des sœurs possédaient des connaissances médicales, les malades affluèrent, heureux qu'on pût enfin s'occuper de leurs maux. Pour les soigner, les religieuses les abritèrent dans un local où l'on entreposait le grain et qu'on relia au relais par un couloir fait de grossières planches de bois. Content d'avoir de l'aide, le docteur Milne y recevait ses patients en consultation. Comme les habitants leur demandaient également d'éduquer leurs enfants, les religieuses organisèrent des cours de français, de musique, de peinture et d'anglais.

D'après Lucie Trochu, seconde fille d'Armand, l'hiver de 1909 fut particulièrement froid. Elle mentionna dans une lettre :

...nous avons eu une terrible période de froid qui a duré plus de trois semaines après Noël. Nous avons eu jusqu'à

50 degrés au-dessous de zéro, avec du vent presque tout le temps, c'est assez dur. Dans la maison qui est pourtant l'une des plus chaudes du pays, tout gelait dans l'armoire de la cuisine. L'eau, le thé, le lait n'étaient que des blocs de glace. Chez les Butruille, ils retrouvaient l'eau gelée dans les bouillottes sur le fourneau même et pourtant, ils le remplissaient de charbon le soir avant de se coucher. Chez les de Beaudrap, l'eau placée à côté du fourneau ne dégelait pas de la journée entière. Au magasin, ils avaient laissé des barils de pétrole dehors. Ils ont été complètement glacés.

Tout le monde ou presque a eu quelque chose de gelé, nez, oreilles, etc... Papa a eu le nez gelé, et moi, un doigt un jour en m'occupant des chevaux. [10]

On imagine ce que les religieuses de France durent ressentir et penser du climat de la province de l'Alberta. Elles n'avaient jamais connu un froid pareil dans un endroit aussi rustique.

Des changements survinrent parmi les pionniers français. Eckenfelder emménagea près de Trochu et racheta à Paul de Beaudrap la boucherie gérée avec son frère avant que celui-ci ne décédât. Louis de Chauny vendit son écurie et déménagea au village avoisinant de Coronation avec son épouse et leur premier fils en 1909. Vu sa santé chancelante, sa mère préféra rester à Trochu. La salle de danse bâtie par Marc de Cathelineau fut convertie en magasin supplémentaire d'épicerie et de quincaillerie. Trochu eut finalement sa première banque. Un chantier fut ouvert afin d'entreposer le bois qui arrivait de Olds pour diverses construction. Deux Québécois, Eugène Fortier et Napoléon Grégoire, ouvrirent un magasin de meubles. Grégoire se révéla entrepreneur dans l'âme, échangeant ou vendant aussi bien de l'orge, des chevaux, des outils de ferme et même des terrains. Vu que les affaires marchaient bien et qu'il y avait de grandes quantités de bois dans les environs pour faire des cercueils, Fortier ouvrit ensuite un salon funéraire. Trochu continuait à s'agrandir. Avec l'afflux de pionniers américains, russes, allemands, roumains et britanniques, Trochu connaissait alors un boom économique très apprécié de ses habitants.

Trochu Valley - magasin général des Butruille

Vue de Trochu (1908)

Boutique de harnais of Guy de Vautibault à Coronation

CHAPITRE 9

VIE À TROCHU

La Mère Marie-Louise Recton prit à cœur de faire bâtir le plus rapidement possible l'hôpital et le couvent prévus dans l'expansion du village. Elle dessina elle-même les plans, les fit approuver par le père Leduc et s'empressa de commander les matériaux. Ils devaient être transportés en charrette, ce qui demandait du temps. Le chemin de fer n'avait pas encore atteint le village. Cinq autres religieuses arrivèrent de France pour rejoindre celles déjà installées dans le relais et leur prêter main-forte. L'une d'elles relata par écrit leurs premières impressions :

Le froid était intense. La neige couvrait le sol que le verglas rendait dangereux. Que la France était loin! Mais voilà qu'un monsieur de haute taille, enveloppé d'un gros pardessus, et la tête protégée par un casque de fourrure, fit arrêter la voiture, ouvra vivement la portière et nous souhaita joyeusement la bienvenue dans la langue de la mère-patrie. C'était le père Leduc, accouru d'Edmonton pour apporter à ses compatriotes d'Evron les hommages de Mgr Legal, et le premier salut du diocèse de Saint-Albert. [1]

Malgré le froid et la nostalgie qu'elles éprouvaient pour leur pays natal, les nouvelles arrivantes se mirent immédiatement au travail.

Comme dans tout village, les événements divers tels que mariages, départs et changements s'enchaînaient. Le 9 septembre 1910, la fille de feu Roger de Beaudrap, appelée Magdeleine, épousa François de Torquat de la Coulerie, ancien ami de son père. C'était celui-là même qui, en compagnie du capitaine de Beaudrap, avait préféré démissionner de l'armée plutôt que d'expulser des religieux de Bretagne. À la réception qui suivit le mariage à l'église, le menu consistait de filets de bœuf aux champignons, de cornets à la Jeanne d'Arc et de galantine de volailles. Le dessert fut un gâteau à la crème, suivi de champagne. Le jeune couple eut trois enfants qui virent tous le jour dans le village. On ne sait si ces festivités eurent lieu avant ou après le départ des Butruille.

Souffrant de tuberculose, Jean Butruille avait beaucoup de mal à supporter le climat rigoureux de l'Alberta. Trois ans après l'ouverture du magasin général qu'il avait dirigé avec sa femme, ils le vendirent au baron Hardouin de Reinach-Werth qui l'acquit en partenariat avec Teodoro Teodoli et Edgar Papillard. En 1910, la famille Butruille entière retourna en France où Jean décéda six ans plus tard.

En 1910, la famille de Cathelineau quitta Trochu pour s'installer à Castor, où Marc fonda une tannerie et une briqueterie avec l'aide de partenaires appelés les frères Martin. La famille y resta quelques années avant de rentrer en France. Seule, Jacqueline, l'une des sœurs de Marc de Cathelineau resta en Alberta et demeura jusqu'à son décès à Fort McLeod. Guy de Vautibault, qui s'était associé à Marc pour monter un petit magasin qui vendait des harnais pour les chevaux de trait et du matériel d'équitation à Trochu, partit également vivre à Castor.

Son frère Hubert vint le rejoindre. Les Vautibault aidèrent Marc dans ses nouvelles entreprises.

En octobre de la même année, on bénit la première pierre du couvent de Sainte-Marie et de l'hôpital. Malheureusement, une épidémie de fièvre typhoïde n'attendit pas la fin de la construction des bâtiments pour sévir jusqu'en décembre. Les sœurs n'épargnèrent pas leurs efforts pour soigner les malades. Un grave problème d'eau potable surgit à ce moment même. Le transport de l'eau jusqu'à l'hôpital devint une véritable corvée dont elles se chargèrent sans se plaindre. L'hiver 1910 fut aussi froid que celui de l'année précédente. Le pain gelait dans les cuisines. À la même époque, on apprit l'excellente nouvelle que le chemin de fer allait définitivement arriver sous peu à Trochu. Les travaux nécessaires à la construction de la voie ferrée furent aussitôt entrepris avec enthousiasme. Ce projet entraîna la venue de nombreux employés anglophones qui, vivant et se ravitaillant dans le village même, contribuèrent à son essor économique. Le premier conseil de la Société agricole de Trochu fit savoir qu'il y avait dorénavant dix anglophones pour deux francophones. Sous peu, Trochu lança son propre journal, le *Trochu Tribune*. On installa également une patinoire.

Le célèbre aviateur français, Louis Blériot, premier pilote à traverser la Manche le 25 juillet 1909, avait deux frères, André et Michel, qui possédaient un ranch dans la région, entre Munson et Didsbury, à treize kilomètres de Drumheller, pas trop loin de Trochu. Les raisons de leur séjour dans la province et leur date d'arrivée ou de départ restent inconnues. Les trois frères sont mentionnés dans un article paru dans le *Herald* de Lethbridge le 7 octobre 1910, recopié du *Daily News* de Calgary et décrivant un objet volant qui avait été essayé en Alberta :

...Le premier monoplan de l'inventeur Louis Blériot, premier homme à traverser la Manche, de France en Angleterre, dans sa machine volante, a été testé dans les prairies de l'Alberta, à 60 milles de Didsbury. Ce fait vient juste d'être révélé.

...Au moment des premiers essais, Blériot séjournait avec ses deux frères dans leur ranch près de Didsbury. D'après l'histoire racontée par plusieurs habitants, il s'était tranquillement entraîné avec son engin. Comme il avait obtenu de bons résultats, il était reparti immédiatement en France avec ses plans. Blériot est français. Ses deux frères ont un ranch à Didsbury. Ils ont la réputation d'avoir de l'argent et l'un d'eux est comte. Ils ont commencé à exploiter leur ranch il y a près de 6 ans et se rendent souvent à Calgary... Louis Blériot a l'intention d'établir une usine au Canada pour y construire des avions, avec quartier-général à Montréal où il vient d'arriver. Louis Blériot reviendra sans doute dans l'Ouest rendre visite à ses frères.

Il y a près d'une année, les journaux de la province avaient publié un article au sujet d'une mystérieuse machine volante aperçue près de Stettler et Didsbury. On sait maintenant que c'était le monoplan de Louis Blériot et que l'inventeur essayait son engin avant de retourner en France. [2]

Si l'article est exact au sujet de l'engin volant et des essais, il ne l'est pas au sujet du titre de comte de l'un des trois frères. En fait, les Blériot ne possédaient pas de titre de noblesse. Le journaliste avait été induit en erreur. La mère de Louis Blériot, née Clémence Candeliez, avait fait des demandes de *homestead*, comme ses fils André et Michel. Elle avait ajouté le mot comtesse sur les documents officiels. Sa famille n'était nullement d'extraction aristocratique. Comme Clémence Candeliez avait épousé Louis Blériot père à l'âge de vingt et un ans et n'avait pas été mariée précédemment, elle n'avait pas de titre dû à une union ultérieure. On peut donc dire qu'elle s'en était attribué un auquel elle n'avait nul droit. Mais, si les pionniers roturiers locaux étaient intéressés par la noblesse des pionniers français, elle avait joué le jeu et ne les avait pas déçus.

André Blériot fut chargé par le gouvernement de l'Alberta de la construction d'un nouveau bac pour traverser la rivière Red Deer, offrant ainsi un service de transport régulier pour se rendre jusqu'à la vallée de Drumheller. Ce nouveau bac fut terminé en 1913 et on l'appela le Munson Ferry. Cinquante-trois ans plus tard, le nom en fut changé en Blériot Ferry pour honorer le travail d'André Blériot.

Deux autres Français arrivèrent à Trochu en 1910, le colonel Féline, qu'Eckenfelder avait connu dans la cavalerie du Cadre Noir de Saumur et un autre officier de cavalerie, appelé Ernest Frère. Celui-ci se lança dans l'agriculture et l'élevage. Plus discret que Féline, il s'intégra sans peine à la vie locale et y participa activement. Le colonel Féline dont on ne connaît pas le prénom, était riche et membre du Cercle de la rue Royale, à Paris, club prestigieux de l'époque. Il exerçait les fonctions de juge lors de concours équestres internationaux à Londres et se rendait souvent aux États-Unis. On disait de lui qu'il était protestant, mais aucune trace de la dénomination de sa foi n'a été retrouvée.

Féline s'installa avec deux ordonnances (soldats attachés comme domestiques au service d'un officier) près du village de Trochu qualifié désormais et souvent de « ville » par ses habitants. Comme il avait de l'argent à investir, il commença par s'associer à Léon Eckenfelder pour agrandir considérablement la boucherie reprise par ce dernier aux Beaudrap. La fille d'Eckenfelder écrivit :

...Ils ont construit une grande boucherie à l'emplacement de la nouvelle ville, quelques maisons à l'ouest de la station. À côté de la boutique, il y avait un bureau, avec une grande écritoire comme en utilisaient les comptables de l'époque. À l'arrière, il y avait un bureau lambrissé de chêne, réservé à l'usage des propriétaires et de leur secrétaire, madame de Cathelineau, une dame française... [3]

Comme Philomène Butruille qui avait créé un précédent, madame de Cathelineau (mère ou épouse de Marc) s'était mise à travailler hors de chez elle avant son départ pour Castor en 1910.

Féline ne résidait pas de manière permanente près de Trochu. Il voyageait beaucoup, toujours avec ses deux ordonnances, et retournait périodiquement en France. Sa grande maison avait été construite en ciment et non en bois, chose rare à l'époque. Le rez-de-chaussée comprenait un vestibule, une salle à manger et une bibliothèque. Le mobilier était opulent. Au premier étage se trouvaient des chambres à coucher spacieuses et un appartement pour son fils qui, malheureusement, n'y vint jamais. Très en avance pour son époque, le colonel avait fait installer un chauffage central dans toute la maison, mais il ne fonctionnait pas très bien. Les tuyaux gelaient régulièrement, provoquant des inondations. Le système d'éclairage au gaz n'était pas non plus au point. Tantôt, il ne produisait pas assez de lumière, tantôt, il en produisait trop, accompagné de fuites de gaz qui pouvaient entraîner un incendie ou provoquer une explosion. Dans ses souvenirs, Cécile Eckenfelder écrivit encore :

...Notre famille a emménagé sous son toit pendant l'hiver 1912-1913, puisque nous avions une domestique, Celia Fershwiler. Il y avait également une autre domestique... Je me souviens encore m'être amusée à jouer dans la grande pièce du premier étage, à glisser le long de la rampe de l'escalier, et d'avoir pris des bains dans la vraie baignoire de la maison de M. Féline. [4]

Le colonel engageait souvent du personnel supplémentaire lors de ses séjours près de Trochu. Inflexible dans sa manière de penser, il fit plusieurs fois connaître sans ambages son opinion sur les tâches qui incombaient à ses domestiques. Il ne tolérait aucune familiarité de leur part, prêchant la différence de classe et ses privilèges à lui. Les habitants de Trochu et des environs lui pardonnaient son attitude hautaine, car personnage pittoresque et amusant malgré ses idées et opinions archaïques, il possédait de grandes connaissances quant à l'élevage des chevaux. Le colonel fit venir de France un étalon, ancien cheval de course, appelé Latour, qui connut un très grand succès comme reproducteur dans l'Ouest.

De grands changements survinrent. Reinach-Werth devint le maire de Trochu en mai 1911. Il introduisit de nouveaux impôts qui ne connurent guère de succès, car une année plus tard, la moitié des propriétaires terriens de Trochu et des environs était en retard pour les payer. Fin mars 1911, les religieuses purent enfin quitter le relais et s'installer dans leur nouvelle demeure attenante à l'hôpital. Une école catholique, appelée Pontmain, d'après Notre-Dame de Pontmain, en France, fut bâtie l'année suivante. La construction du chemin de fer avait bien progressé depuis l'année précédente. Subitement le gouvernement annonça que le train ne passerait pas à Trochu même, mais à proximité.

Au nom de tous les habitants, Armand envoya une lettre à Wilfrid Laurier, Premier Ministre du Canada, pour demander son aide :

Cher Sir Wilfrid,

Parlant tant en mon nom personnel qu'au nom de tous les habitants de la petite ville de Trochu, nous venons vous supplier une fois encore d'exercer votre puissante influence en notre faveur et d'initier auprès du Grand Tronc Pacifique (nom donné alors à une partie de la société du Chemin de fer) *pour qu'il désigne Trochu comme « point de division » sur la ligne « Tofield à Calgary ». Nous sommes à peu près à mi-chemin entre Camrose et Calgary et nous ne pouvons pas comprendre que le G.T.P. veuille mettre un point de division à un endroit où il n'y a actuellement rien, au lieu de favoriser une petite ville active et florissante et entièrement dévouée à la politique du Gouvernement Libéral.*

J'ai déjà prié l'Honorable Rodolphe Lemieux (homme politique qui avait rempli plusieurs fonctions à la Chambre des Communes) *de s'occuper de cette question, et nous sommes persuadés que votre intervention finale nous donnerait la victoire.*

L'ingénieur du G.T.P. prétend que les points de division sont fixés à des points qu'on ne peut changer pour raisons matérielles. Nous sommes tous ici persuadés du contraire, car nous avons trouvé de nombreux exemples où les points de division ont été changés après avoir été arrêtés par les ingénieurs.

Veuillez croire, Sir Wilfrid, à nos sentiments les plus respectueux et les plus dévoués.

Signé : Armand Trochu [5]

Sir Wilfrid Laurier répondit très poliment. Toutefois, si les habitants tenaient à ce que le train s'arrêtât dans leur village, ils devaient déplacer celui-ci. Ce qui ne présentait aucun problème pour les gens locaux qui décidèrent de déménager Trochu sur les collines avoisinantes. Les bâtiments en bois furent placés sur de larges charrettes tirées par des chevaux ou des bœufs et transportés dans les nouveaux lieux. On en profita pour agrandir le magasin général qui prit des dimensions imposantes et monter aussi une pharmacie et une bijouterie. Trochu pouvait se flatter désormais d'avoir un vrai centre commercial. D'autres francophones arrivèrent dans la région et à Trochu en 1911. La famille Lemay vint du Québec et s'établit à Trochu. Certains de ses descendants y vivent encore et d'autres habitent à Calgary. Marius Magnard vint de France avec sa famille et s'installa dans une ferme près de Red Deer. Une de ses arrière-petites filles, Marie-Cécile, vit toujours à Calgary.

Reinach-Werth dut abandonner ses fonctions de maire peu de temps après son élection pour cause de drame personnel qui mérite d'être rapporté.

Le 6 décembre 1911, s'absentant de Trochu, il avait épousé dans la plus stricte intimité à Washington, aux États-Unis, une riche héritière américaine, Diane Morgan-Hill. Le baron Hardouin de Reinach-Werth avait fait ce qu'il convient d'appeler un mariage de sang bleu et de dollars verts. Dans les Archives de la région d'Alsace, en France, existe le Fonds historique Rudi Keller où se trouve une lettre adressée au jeune baron par sa belle-mère Diana Morgan-Hill, le sommant de révéler à sa famille, en France le mariage secret qu'il avait contracté avec sa fille.

Quelques semaines après le mariage, le *New York Times* rapporta de tristes nouvelles :

Washington, 25 juin 1912, la haute société a été choquée d'apprendre le suicide de la baronne de Reinach-Werth, mariée en décembre dernier. Au moment de son mariage, elle n'était pas en bonne santé. On disait qu'elle souffrait depuis quelque temps déjà de dépression nerveuse... La baronne de Reinach-Werth était une très belle femme, très instruite et héritière d'une large fortune. Éduquée à l'étranger, elle parlait plusieurs langues et était très souvent invitée dans les cercles diplomatiques. ...Sa première rencontre avec le baron de Reinach-Werth remonte à la fin de ses études en France. Le baron, appartenant à la vieille noblesse française, était un parti tout à fait acceptable. Pourtant, le père de la jeune femme, M. Morgan-Hill, n'était pas en faveur de cette union, pensant que leur attachement romantique ne durerait pas. Ce qui ne fut pas le cas. Pour éviter toute critique, le baron se fit agriculteur dans l'ouest du Canada. Comme l'accord paternel se faisait toutefois attendre, mademoiselle Morgan-Hill perdit graduellement tout intérêt à la vie mondaine et s'impliqua de moins en moins dans les événements sociaux. Au cours des deux hivers qui précédèrent son mariage, elle ne parut pas en société. Les plus proches membres de la famille reconnurent qu'elle souffrait de mélancolie. Dans l'espoir d'améliorer son état d'esprit, les fiançailles furent annoncées en août l'année dernière, suivies du mariage quelques semaines plus tard. Le jeune couple s'embarqua à bord d'un navire pour rendre visite à la famille du baron en France.

Les parents de la nouvelle baronne annoncèrent qu'elle viendrait les voir au printemps et partagerait son temps entre Washington et l'Alberta. La visite au printemps ne se concrétisa pas et l'on pense maintenant que son état de santé empira au lieu de s'améliorer... [6]

Les parents de Diane s'étaient séparés avant son mariage. Apprenant que son père avait souffert d'un accident vasculaire, la jeune femme sombra dans une dépression profonde. Son nouvel époux la fit entrer en clinique à Londres, d'où elle se jeta d'une fenêtre, se fracturant le crâne.

Veuf, Reinach-Werth s'installa au Nevada où, en compagnie de sa belle-mère qui avait changé d'attitude envers son époux désormais malade, il s'occupa de son beau-père jusqu'au décès de ce dernier, en 1913. Le baron et madame Morgan-Hill se firent alors construire une grande villa où ils recevaient beaucoup ensemble. On peut imaginer le scandale et les commérages que cette union entraîna. Cette situation ambiguë dura jusqu'à la déclaration de la Première Guerre mondiale. Reinach-Werth partit alors se battre en France, puis fut envoyé en mission hors d'Europe. S'étant séparé de la mère de sa première femme, il épouse une autre Américaine, Helen Tennyson, en 1916. Helen obtint un premier divorce en 1919, mais ils se remarièrent la même année. Elle divorça de nouveau en 1927, accusant le baron de cruauté et d'abandon. La garde de leur fils lui fut accordée. Dans le *Milwaukee Sentinel* du 5 octobre 1925, on mentionna que l'ancienne baronne, laissée dans la pénurie par son ex-époux, offrait ses services comme partenaire de danse dans les cafés et les restaurants. Diana Morgan-Hill, première belle-mère et ancienne amante du baron, se remaria à Londres en 1922, avec Sir George Rhodes, frère du célèbre Cecil Rhodes, fondateur de la Rhodésie. Cette union valut à la nouvelle lady Rhodes d'être présentée à la cour de George V à l'âge de soixante-trois ans. Ces événements étonnants jalonnèrent la vie du baron de Reinach-Werth après son départ de l'Alberta.

Plus prosaïquement, en 1912, à dix-huit kilomètres de Trochu, on découvrit un nouveau filon riche en charbon à Ghost Pine Creek. Ce qui entraîna l'établissement d'une autre mine qu'on exploita avec succès. Une nouvelle vague de pionniers à la recherche de travail vint s'installer dans le village et aux alentours, provoquant un nouvel essor économique. Le commerce du bois, nécessaire à la construction des charpentes de la mine, prospéra également. Désormais, le charbon était transporté à partir de Trochu vers divers endroits de l'Ouest.

Comme les aristocrates qui avaient séjourné des années auparavant en Saskatchewan, ceux de Trochu se recevaient beaucoup entre eux. Ils ne manquaient jamais d'inviter les autres pionniers à participer à toutes sortes d'événements culturels. Mais à l'encontre des premiers nobles arrivés en Saskatchewan qui se promenaient dans les champs vêtus d'habits fort élégants, les Français de Trochu étaient loin de faire de même. Dès son arrivée en Alberta, dans une lettre adressée à ses parents, Eckenfelder expliquait que :

Papa est ennuyé que je porte des pantalons avec des trous. Je sais! J'ai une malle remplie de costumes, mais la coutume dans cette campagne veut que nous ayons des trous aux genoux et aux fesses. ...Ne vous inquiétez pas de mon apparence : Trochu lui-même, qui a de bonnes manières, porte un gilet en loques comme costume du dimanche!!! [7]

Des bals étaient régulièrement organisés, rassemblant toute la population du village et de la région. On a rapporté que :

Les bals de la Prairie durent impérativement jusqu'à l'aube. Oh! Ce n'est pas que la population soit ici moins puritaine qu'ailleurs. Mais il faut éviter aux fêtards d'avoir à circuler la nuit dans ces immensités où les voyageurs se perdent comme rien. Alors, ils doivent tenir jusqu'au petit matin. À minuit, on fait la pause. Mais juste avant, il y a cette valse du souper : le garçon agréé pour cette valse pourra emmener sa cavalière au souper. Ce point marqué, s'il n'est pas une promesse, autorise déjà l'espérance. [8]

Léon Eckenfelder écrivit lui aussi à ce sujet :

Trochu devient une ville tout à fait civilisée et on y donne régulièrement des bals avec un excellent orchestre dans un hall dont le plancher est de qualité. Les jeunes filles sont très à la mode. Elles peuvent même danser le tango et le turkey-trot. L'autre soir, le maître de cérémonie, ancien entraîneur de chevaux, mais habillé très formellement, a demandé aux cow-girls d'arrêter de se déhancher! La majorité des gens qui fréquentent les bals sont habillés comme des lords et des ladies. [9]

Les autres loisirs étaient surtout axés sur l'équitation et la musique. Une course d'obstacles resta dans les annales, car Xavier de Beaudrap reçut en prix un mors pour la bride de son cheval, offert par une société de fabrication de harnais et de matériel d'équitation de Calgary. Plusieurs Français, aristocrates ou roturiers chantaient ou jouaient d'un instrument. Les Eckenfelder possédaient un piano et les soirées musicales se déroulaient chez eux, avec Sculier (avant le départ de ce dernier) au piano et le frère du père Voisin au violoncelle. Joseph Devilder qui possédait une voix de basse et François de Torquat, une voix de ténor, se joignaient à eux. Sous peu, Trochu eut son kiosque à musique, placé au centre du village d'où résonnaient de joyeuses mélodies tous les samedis soirs.

Des concerts avaient également lieu et représentaient l'une des distractions les plus prisées. Edgar Papillard organisa une équipe de base-ball qui joua plusieurs fois contre le village d'Huxley avec le soutien inconditionnel des habitants de Trochu. En hiver, la patinoire était le lieu de réunions sociales nombreuses. En été, de grands barbecues réunissaient tout le monde dans les ranchs avoisinants. Les naissances des enfants des pionniers français se succédaient, les départs aussi.

En 1912, Marguerite, épouse d'Armand Trochu, repartit en France avec ses filles. Quelques mois plus tard, A. de Chaunac fit de même. On ignore qui était exactement ce dernier et même la date de son arrivée. Après avoir vendu ses chevaux à ses collègues, il quitta l'Alberta pour aller s'installer, paraît-il, à Cuba.

La voie ferrée fut terminée en 1913. Une première locomotive fit son apparition à Trochu, suivie quelques mois plus tard de l'établissement permanent de la ligne de chemin de fer, attendue depuis si longtemps. Eckenfelder nota fièrement :

...Nous voyons déjà une grande différence dans le déroulement des affaires. Il y a un marché certain pour les produits fermiers entre les deux villes. À l'heure actuelle, au lieu de courir après les affaires, ce sont elles qui me courent après. J'envoie du bétail et des porcs par wagons entiers de marchandises... [10]

Trochu figurait désormais avec fierté sur la carte ferroviaire de l'ouest du Canada. La Première Guerre mondiale fut déclarée et la vie à Trochu ne fut plus jamais la même.

Edgar Papillard, baron Hardouin de Reinach-Werth, Teodoro Teodoli et un ami

Hôpital sur la colline - Ranch St. Ann à droite

Jean Butruille

Philomène Butruille

La maison du Colonel Féline

CHAPITRE 10

TROCHU ET LA PREMIÈRE GUERRE MONDIALE

La Première Guerre mondiale découle de l'assassinat de l'archiduc François-Ferdinand d'Autriche par un étudiant serbe, à Sarajevo, en Bosnie, le 28 juin 1914. Ce meurtre résultait de l'accumulation des revendications territoriales des nationalistes serbes de l'époque dont le royaume était rattaché à l'empire austro-hongrois. L'empereur François-Joseph déclara la guerre à la Serbie un mois plus tard. Le conflit prit une telle ampleur en Europe que deux jours plus tard, la Russie déclara la guerre à l'Autriche. Le 1er août, l'Allemagne déclara la guerre à la Russie et le 3, à la France. La Grande-Bretagne déclara la guerre à l'Allemagne et à l'empire austro-hongrois le 4.

Cette guerre eut des résultats catastrophiques tant par le nombre de morts que par les destructions matérielles, et représente l'un des conflits les plus meurtriers de l'histoire de l'humanité jusqu'à cette époque. Dans les tranchées, l'espérance de vie était de onze jours à six semaines, et quatre-vingt-quinze pour cent des militaires furent tués après avoir reçu l'ordre de passer à l'attaque. Le nombre des pertes estimées au cours de cette guerre varie beaucoup. On a écrit qu'il y avait eu trente-six millions de victimes, seize millions de morts, vingt millions de personnes handicapées. Sept millions de civils décédèrent. Une épidémie de grippe espagnole et le génocide arménien firent des ravages. Les pertes totales du Canada pendant la Première Guerre mondiale s'élevèrent à environ soixante-sept mille morts, cent cinquante mille blessés militaires et deux mille pertes civiles. La population canadienne s'élevait alors à un peu plus de sept millions d'habitants.

Les Français de Trochu étaient pratiquement tous anciens cavaliers de l'armée française. Ils tenaient très fort à défendre leur pays natal, même si les changements politiques envers leur religion les avaient poussés à émigrer dans l'ouest du Canada. Fidèles aux grands principes de l'époque, ils rejoignirent les forces armées en France pour se battre contre l'Allemagne. On pensait alors que la guerre allait être rapide et que soldats et officiers rentreraient dans leurs foyers quelques mois plus tard. En fait, elle dura quatre ans. Le 14 août 1914, le *Trochu Tribune* publia :

Il y a eu un exode de nos compatriotes français. M. de Torquat et les fils de Beaudrap sont maintenant en route pour New York. Dimanche dernier, ils ont été suivis par M. Papillard, M. Eckenfelder et les autres qui sont partis en direction de Montréal. Mardi, les derniers du groupe ont quitté Trochu. Chaque homme a reçu un flacon Thermos comme souvenir de Trochu. Des « hourras! » et des « vive la France! » s'élevèrent au moment où le train quitta le village. » [1]

Les derniers du groupe étaient les frères de Chauny, François et Raymond Figarol et Ernest Frère. Ils partirent tous courageusement, sans se douter que l'enfer les attendait. La Première Guerre mondiale fut surtout marquée par les tranchées creusées par les deux côtés ennemis, avec une large surface entre elles, appelée *no man's land*. Les tranchées allemandes avaient été bétonnées et bien aménagées. Ce n'était pas le cas des tranchées françaises, laissées comme telles après avoir été excavées. La pluie et l'humidité y rendaient les conditions de vie épouvantables. Les soldats étaient couverts de vermine. À cela s'ajoutait l'odeur des cadavres en décomposition dans la boue. Comme tant d'autres, Jean de Beaudrap, Pierre de Beaudrap et Paul de Chauny furent tués au front. Le frère aîné de ce dernier, Louis de Chauny, mourut de ses blessures à l'hôpital canadien de Paris, en janvier 1915.

François de Torquat de la Coulerie avait regagné la 98e promotion de la Croix du Drapeau de l'école spéciale militaire de Saint-Cyr (1913-1914). De France, il répondait aux lettres que lui envoyait régulièrement son épouse, Magdeleine, née de Beaudrap, décrivant la vie dans les tranchées, les événements qui surgissaient et ses états d'âme :

Dimanche 1er novembre 1914
...Je voudrais que tu voies d'où je t'écris! Dans un trou où je vis comme une taupe avec mes braves gars, avec nos 2 pièces braquées sur les tranchées allemandes qui sont exactement à 225 m en face de nous. De temps en temps un bzzz me fait relever le nez ou baisser la tête, c'est une balle qui passe en remuant un peu de terre. Ce matin, cela me faisait quelque chose, je commence à m'y habituer. De temps à autre, 4 ou 5 déchirements stridents, bien désagréables, puis des nuages s'élevant des tranchées ennemies...

Le 22 novembre 1914, François envoya une lettre à son père, l'informant qu'il se trouvait dans un petit village avant de retourner dans les tranchées. Il envoya également une missive à Magdeleine :

22 novembre 1914

...Ce matin, j'ai fait la Ste Communion et prié avec ferveur pour nous et les chéris (leurs trois jeunes enfants). *Messe militaire à 9 h et l'église était archi-comble. C'est émouvant pendant que le canon se fait entendre non loin de là. C'est bien fait pour nous rappeler que notre vie est bien entre les mains de Dieu. Il semble que l'on nous oublie ici! Nous ne perdons sans doute rien pour attendre, diable, il ne doit pas faire chaud dans les tranchées : le sol est gelé et la campagne avec ses grandes plaines prend un aspect tout à fait canadien depuis que la neige est sur le sol...*

François retourna prendre son poste dans les tranchées :

3 décembre 1914

...Ce qui est moins agréable, ce sont les marmites (obus de gros calibres) *que les Allemands ont éprouvé le besoin de nous envoyer ce matin sur le coup de 10 heures. Une dizaine d'obus de 105 nous sont tombés, nous tuant deux hommes et en blessant 4 autres. Ils visent constamment l'église qui a un trou dans un de ses murs, les autres obus sont tombés les uns dans les rues, d'autres dans une grange qui a été défoncée par l'un d'eux qui a en même temps tué une pauvre vache dans son étable. Un autre a emporté le pignon d'une jolie maison où nous faisions popote il y a 3 semaines et est tombé dans la même salle où nous prenions nos repas. Les femmes et les enfants se tiennent dans les caves pendant le bombardement, puis la vie du village reprend comme si rien n'était... Pauvre pays bien éprouvé!*

Mardi 8 décembre 1914

...Il est tombé des torrents d'eau depuis deux jours aussi nous sommes dans l'eau et la boue jusqu'à mi-jambes, c'est effroyable de saleté dans les boyaux de communication et j'occupe mes hommes à nettoyer et à curer...

François de Torquat était très aimé et apprécié de ses hommes. Il leur rendait la pareille :

18 décembre 1914

...J'ai appris avec plaisir que mes hommes aimaient bien leur lieutenant et qu'ils n'ont qu'un désir, c'est de finir la guerre avec lui. Moi, tu comprends que c'est le mien aussi, ne fût-ce qu'à un point de vue égoïste, mais je suis content aussi d'avoir leur affection. Ce sont de si braves types. C'est par l'aumônier que j'ai su cela. Je crois que les quelques paquets de tabac ou de chocolat que je leur ai donnés, puis les gants de (...) y sont pour beaucoup.

26 décembre 1914

...Il fait beau temps maintenant depuis deux jours, mais froid, il gèle dur et c'est le commencement de l'hiver qui s'annonce. J'aime mieux cela que la boue, mais je pense aux pauvres blessés qui tombant le soir passent toute une nuit sans être relevés. Ce doit être terrible et qu'il y en aura à périr et à souffrir avant de mourir! Enfin, il faut tout cela, toute cette souffrance pour le salut de la France...

18 janvier 1915

...Oui, la guerre est une terrible chose, surtout quand elle dure comme celle-là...

Vendredi 26 février 1915

...J'ai eu ce matin le pénible devoir de conduire les obsèques de mon pauvre adjudant mort hier. Après une petite prière récitée par le prêtre soldat dans la chambre où on avait déposé son corps, chambre éventrée par les obus comme elles le sont toutes et qui sert de poste de secours, on l'a inhumé dans un petit cimetière improvisé où il y a déjà plus de 200 tombes

fraîches. J'ai fait faire une couronne de buis et une croix de bois et on l'a descendu roulé dans une couverture dans sa tombe. Je vais faire photographier sa tombe pour pouvoir l'envoyer à sa pauvre femme à qui je vais écrire à l'instant.

Dimanche 7 mars 1915
...Mes tranchées viennent d'être bombardées par une quinzaine d'obus, c'est le lot quotidien et on attend philosophiquement en fumant des cigarettes le malencontreux qui viendra éclater près de nous. Mais ce ne serait pas de chance... [2]

Promu capitaine le 10 mars 1915, François de Torquat de la Coulerie fut tué le 9 mai suivant en montant à l'assaut des tranchées allemandes à Saint-Nicolas, près d'Arras. À titre posthume, il fut cité à l'ordre de l'armée et décoré de la Croix de guerre avec palme. L'écrivain français, Maurice Barrès, nota à son sujet :

...Laissant ses récoltes inachevées et rendant son bétail à la liberté de la prairie, François de Torquat accourt vers la France. Sergent d'abord, puis lieutenant, puis capitaine... le 15 mai, c'est l'assaut. Il rassure ses hommes « Ne craignez rien, je tomberai dans les premiers, mais vous passerez... » À peine François de Torquat a-t-il quitté le parapet, entraînant ses Bretons, qu'une première balle lui brise le poignet. La blessure suffirait pour l'immobiliser; il ne l'admet pas. Vite, un pansement sommaire et le voilà de nouveau à la tête de sa compagnie. Mais la canonnade fait rage... il s'affaisse. Et tandis que les mitrailleuses allemandes balayent la plaine, François de Torquat, une jambe broyée, les yeux tournés vers le Christ des tranchées, renouvelle son sacrifice pour la France et pour les siens.

L'ordre du jour, paru à l'Officiel du 9 juin suivant, résume en quelques mots cette vie : De Torquat de la Coulerie (François-Marie-Joseph), (1 citation) capitaine au 48ᵉ d'infanterie : Officier démissionnaire, établi à l'étranger, est accouru en France dès l'annonce des hostilités. Beau type d'officier, caractère chevaleresque, nature d'élite. Blessé dès le début de l'attaque, n'a pas moins continué d'entraîner sa compagnie avec une magnifique bravoure à l'assaut des retranchements ennemis, le 9 mai 1915, malgré un feu violent de mitrailleuses. Est tombé frappé mortellement. [3]

16 décembre 1915

...Quelle ironie prennent les mots quand ce jour-là même on fait comme je l'ai fait aujourd'hui une promenade dans A. (sans doute Arras)... *Vraiment si on avait besoin de raviver sa haine pour le Boche maudit, une visite à ses ruines y suffirait amplement. C'est inouï, c'est fou de destruction, de vandalisme, on y voit la rage de détruire, ne pouvant s'en emparer, et on demeure vraiment hébété devant ces ruines, cet amoncellement de pierres qui sont tout ce qui reste d'une merveille, car la petite partie demeurée intacte fait doublement regretter la destruction du reste. Je t'envoie quelques cartes que j'y ai achetées, mais on ne se rend vraiment compte qu'en y étant. Et puis, quelle sensation quand on entre dans ce désert! Les 2 ou 3 mille habitants qui y demeurent encore – sur environ 40 mille – vivent dans les caves, y ont des lits, matelas, poêles, etc... et s'y cantonnent dès que les obus se mettent à pleuvoir. Hier, paraît-il, il a plu toute la journée, aujourd'hui par extraordinaire, il n'en ait pas tombé, aussi toutes les caves étaient vides et les gens se chauffaient au soleil, mais sans s'écarter des entrées de caves qu'ils ont pratiquées dans la rue, ce qui leur permet de se calfeutrer de suite en cas de danger. Les gosses jouent comme si de rien n'était; deux ou trois écoles*

fonctionnent encore, parfois la classe est interrompue par les marmites qui tombent dans le voisinage et elle se termine au sous-sol. J'aurai toute ma vie la vision de ville à mi-détruite et où la vie fonctionne cependant un peu grâce surtout à la troupe qui y séjourne. Nos canons du reste y sont et tirent sans cesse, aussi tu devines la résonance et les vibrations dans les rues étroites causées par ces grosses pierres. Je suis à peu près certain qu'il y a une maison sur deux dans A. qui n'ait ses carreaux brisés et combien sont détruites! C'est inouï.

François avait trente-six ans lorsqu'il décéda, laissant à sa veuve, trois jeunes enfants à élever. Xavier de Beaudrap dut s'engager d'abord dans la Légion étrangère avant de servir sous les drapeaux français. Le colonel Féline ne revint pas au Canada et s'installa, paraît-il, aux États-Unis. Lors de la guerre, il avait été chargé de l'approvisionnement des chevaux :

Au 1er juillet 1914, l'effectif total des chevaux et des mulets pour l'ensemble de l'armée française était d'environ 190 000 unités. Très vite, il fallut faire face à des besoins qui s'affirmèrent de plus en plus importants à mesure que la guerre s'installait et apparaissait comme devant être longue... En Amérique du Nord on fit appel à un officier français de la territoriale, le chef d'escadron Féline, établi depuis plusieurs années comme éleveur au Canada... La correspondance du commandant Féline, puis du colonel Cousté avec le général de Lagarenne, inspecteur permanent des remontes, nous renseigne abondamment sur le fonctionnement de la mission et les conditions d'exécution des contrats. [4]

Trop âgé pour se joindre à l'armée, Armand Trochu resta dans le village qu'il avait fondé. Malheureux, il écrivit :

...Ici, je me ronge. Tous les Français de Trochu sont partis depuis longtemps rejoindre l'armée. Je suis seul et j'ai à m'occuper de toutes leurs affaires. Ceci me fait passer le temps, mais une fois que tout cela sera très bien en ordre et pendant tout l'hiver, je n'aurai plus rien à faire. Les affaires sont complètement nulles. Il ne se fait aucune transaction en terrain. Il n'y a pas d'acheteurs.

Il n'y a pas de doute que lorsque cette terrible guerre sera finie, il y aura une grande reprise d'affaires, mais en attendant, les impôts augmentent tous les ans et il faut vivre.

P.S. N'ayant pas un sou, je n'ai, quant à présent, aucune chance d'aller en France. [5]

Armand Trochu avait de plus en plus de difficultés à payer ses impôts. Le rendement du ranch St. Ann déclinait et sous peu, il fut mis en liquidation. Armand avait aussi des ennuis de santé. Il se remettait lentement d'une crise cardiaque qui l'avait terrassé alors qu'il se trouvait seul chez lui. Des voisins l'avaient trouvé inanimé, étendu par terre. Le pensant mort, ils appelèrent immédiatement les religieuses de la Charité d'Evron. Armand reprit connaissance au milieu de leurs prières. Alarmé au plus haut point, il s'assit subitement sur le lit parmi les cris de surprise et les exclamations de joie. On le transporta à l'hôpital où il resta quelque temps, appréciant beaucoup le dévouement dont il était l'objet :

...Voilà ma 3ᵉ semaine d'hôpital, je suis très bien soigné et les bonnes sœurs sont excellentes pour moi, mais je ne suis plus qu'un infirme; tout mouvement un peu vif du bras m'est interdit... Il faut que personne chez moi sache ma position. Marguerite voudrait essayer de venir, elle n'en aurait pas la

force. Il faut qu'elle s'occupe de Guite et d'Adrienne. Lucie serait la seule qui pourrait venir, mais je ne veux pas qu'elle voyage, d'abord parce que ce voyage est trop rude, ensuite parce que nous n'avons pas d'argent pour le payer et enfin parce que je me refuse absolument à voir Lucie dans ce pays beaucoup trop dur pour les Européennes... Il est peu probable que je puisse retourner en France, d'abord parce que je suis incapable de faire le voyage dans l'état où je suis et aussi, pourrais-je le faire, que je n'ai pas un sou à dépenser. [6]

Dans cette lettre, on sent le désarroi d'Armand, sa solitude et ses inquiétudes quant à l'avenir. Il recevait des lettres des jeunes gens de Trochu partis au front, et même de ceux qui avaient quitté l'Alberta avant la guerre, comme Teodoro Teodoli, lieutenant d'artillerie dans l'armée italienne. Ces missives le tenaient au courant des faits et gestes de chacun, des blessures et des décès. Eckenfelder était capitaine du 313e régiment d'infanterie et Devilder, lieutenant au 20e régiment de Dragons, à Verdun. Un des jeunes Beaudrap avait reçu une balle au visage et une autre dans la jambe. Edgar Papillard avait eu l'épaule droite fracturée par un éclat d'obus et avait été soigné dans un hôpital de Paris. Il avait toutefois perdu l'usage du bras et de la main. Edgar reçut une médaille de blessé de guerre. Le vicomte Raoul de Preaulx, qui avait quitté Trochu Valley avant que l'endroit devînt un village, avait rejoint l'armée. Grièvement blessé d'une balle à la poitrine, il était décédé au début des hostilités et avait reçu la Légion d'honneur en octobre 1914. On relève dans son dossier militaire conservé aux Archives de Vincennes :

Raoul de Preaulx, lieutenant, commandant la 22e compagnie du 290e régiment d'infanterie.

Blessé le 25 septembre 1914, à Baconnes, chevalier de la Légion d'honneur, décoré de la Croix de guerre.

Aux combats des 23 août, 9 et 25 septembre, a montré beaucoup de vigueur et d'énergie.

Le 25 septembre a brillamment enlevé sa compagnie à l'assaut des tranchées ennemies où il reçut trois blessures, dont une grave.

Mort pour la France des suites de ses blessures, le 27 novembre 1914 à Nevers. [7]

Les deux frères de Raoul, Carl qui avait reçu également la Légion d'honneur, et René, officier de marine, ainsi que leur sœur Geneviève, infirmière ambulancière, se virent tous attribuer des citations et des décorations militaires. Carl et Geneviève moururent au champ d'honneur. René, gazé pendant la guerre, décéda des conséquences de ces attaques d'armes chimiques des plus meurtrières. Ce fut la fin de cette branche de la famille de Preaulx. Un nombre incroyable de familles connut la même tragédie au cours de la Première Guerre mondiale. Il est intéressant de noter que le portrait de Raoul en uniforme fut commandé par l'épouse de René à titre posthume et fut exécuté d'après des photos en uniforme par un peintre ami qui l'avait bien connu et qui fit aussi les portraits des autres frères et de leur sœur.

Le marquis de Roderel de Seilhac, ancien partenaire dans le ranch P.S.P. partagé avec Preaulx et Edgar Papillard, reçut aussi la Légion d'honneur. Marc de Cathelineau fut titulaire de la Croix de guerre. Guy de Vautibault qui, tout jeune, avait participé à la fondation de Trochu, et son frère Hubert, rentrés tous les deux en France avant la déclaration de la guerre, s'étaient joints à l'armée et furent décorés de la Croix de guerre. Parti se battre en France en 1914, le baron Hardoin de Reinach-Werth fut envoyé en mission aux États-Unis. En 1918, il retourna en France pour être affecté à l'office central des relations franco-américaines. Le descendant de la sœur d'Hardoin de Reinach-Werth, Nicolas de Magnienville, ignore les faits et gestes du baron après cette période.

Armand essayait de vendre les terres de ses amis et de se rendre utile aux gens du village. Il attendait avec impatience la fin de la guerre, déclarant toutefois « *mais à ce moment-là, j'aurai été tué par mes impôts* ».

Dans une lettre adressée à sa famille, une jeune femme écrivit de l'hôpital où elle se trouvait :

Je ne m'ennuie pas autant que je pensais. J'ai la visite de monsieur Trochu tous les jours. Il est le seul des Français de Trochu qui ne soit pas parti. Il a été pris subitement d'une maladie de cœur dans le milieu de juillet et a été bien malade. Ses dames étant en France. Mais d'après les médecins, il peut s'en aller d'un moment à l'autre... Il a changé et les jours de vent, il a beaucoup de difficultés à respirer... Il me donne des renseignements sur la guerre et les jours où il se sent bien, il est toujours gai et a toujours des petites choses à dire pour faire rire. [8]

On ne sait pas comment Armand Trochu paya son voyage de retour en France ou si quelqu'un l'aida. En 1917, il rejoignit sa femme et leurs filles à Saint-Clémentin. Il s'éteignit dans leur demeure appelée La Vénauderie le 5 mars 1930, après une dernière crise cardiaque à l'âge de soixante-douze ans. S'il avait fondé le village dans l'ouest du Canada qui porte toujours son nom, il n'avait pas amassé la fortune dont il avait rêvé et son ranch avait même été vendu.

Un an après le départ d'Armand, Philomène Butruille, veuve depuis deux ans, revint à Trochu. Sa fille Odette épousa un avocat, François de Roussy de Sales, à Calgary le 12 septembre 1918. Le père du nouvel époux, le marquis Raoul de Roussy de Sales, avait passé dix ans en Alberta. Son fils y avait fait ses études. Une photographie du mariage montre les familles du jeune couple et quelques invités dont les comtes de Foras, venus de High River, Edgard Papillard et Joseph Devilder. On a dit que ce dernier avait reçu la Légion d'honneur lors de l'importante victoire de 1916 que représenta la bataille de la Somme, mais aucune trace de l'attribution de cette médaille n'existe. Sans doute, reçut-il d'autres décorations. Il a été suggéré également que souffrant de dépression sévère, il ne voulut laisser aucune trace de ses exploits militaires. L'année suivante, Devilder fut envoyé par le gouvernement français auprès de la Haute Commission française à Washington. Après un bref séjour dans l'ouest du Canada pour assister au mariage de la fille de ses amis Butruille, il s'installa à Paris pour s'occuper de la banque du Crédit du Nord.

La fin de la guerre fut annoncée. Trochu, comme toutes les villes du monde, célébra la grande nouvelle. Le 18 novembre 1918, le *Trochu Tribune* rapporta :

Trochu était en fête, lundi, quand les nouvelles nous sont arrivées que les termes de l'armistice avaient été acceptés par l'Allemagne. D'autant plus que le lieutenant-gouverneur (de l'Alberta, à l'époque) avait proclamé un congé à travers la Province. Les magasins étaient fermés. Tout le monde était sorti dehors pour célébrer. On a sonné la cloche d'incendie continuellement, de 9 heures du matin à 4 heures de l'après-midi. Une procession d'autos s'est formée et la brigade d'incendie a paradé dans la ville. Plus tôt dans la journée, nos voisins de Three Hills nous ont rendu visite avec 40 voitures gaiement décorées et avec, à leur tête, leur fanfare. À sept heures du soir, un grand feu d'artifice a commencé sur la colline, au sommet de la grande rue. L'effigie du Kaiser a été brûlée... [9]

Avec les Légions d'honneur, les Tableaux d'honneur de la Guerre 1914-1918, les Croix de guerre et les citations obtenus au cours de la Première Guerre mondiale par les fondateurs de Trochu, on peut penser que cet endroit représente la plus grande concentration de médailles militaires françaises au Canada.

Après la guerre, Xavier de Beaudrap, Eckenfelder et Edgar Papillard revinrent vivre à Trochu. La fille d'Eckenfelder écrivit que son père, après avoir combattu dans les tranchées, avait reçu la Croix de guerre avec deux citations, et la Légion d'honneur. Par chance, il n'avait pas été blessé. Toutefois, il souffrit beaucoup et longtemps des effets provoqués par l'humidité des tranchées. Avant de revenir à Trochu, comme Devilder, Eckenfelder fit un séjour à New York en 1918, envoyé par le gouvernement français pour conseiller les soldats américains qui partaient encore en France. À son retour à Trochu, il travailla dans la boucherie du village. Sa présence fut relatée dans un article paru dans un journal américain qui l'avait réimprimé d'un quotidien britannique, avec pour titre : *Eckenfelder, héros de la guerre, de retour dans son petit magasin, la fin heureuse d'un des plus brillants épisodes de la Grande Guerre, telle que racontée par H.B.M dans le* Manchester Guardian :

Dans sa boucherie située dans le petit village albertain de Trochu, pas très loin des Rocheuses, j'ai rencontré l'autre jour un homme qui m'a révélé quelques petites choses au sujet de la guerre. C'était le majeur Léon Eckenfelder, commandant de bataillon de l'armée française à qui Sir Arthur Conan Doyle, (créateur du détective Sherlock Holmes) *a rendu visite dans l'Argonne* (région située à l'est de Paris et rendue célèbre par les sanglants combats de la Première Guerre mondiale) *et dont il a fait des références frappantes dans son ouvrage intitulé « Sur les trois fronts ».*

J'étais allé jusqu'à la boucherie de Trochu pour me renseigner sur le village. Comme j'attendais mon tour pendant que le propriétaire découpait un steak pour un client rancher des environs, j'entendis le boucher raconter à son client qu'il avait bien été « commandant de bataillon pendant trois ans dans l'Argonne ». Le boucher d'un village au centre de l'Alberta, major de l'armée française??? J'allais en apprendre plus grâce aux questions qui suivirent et reçurent parfois des réponses, mais plus souvent un modeste haussement d'épaules... J'étais surpris et quand le rancher partit avec son steak qui pesait une livre, j'en fis part au boucher qui sourit avec embarras. « Oui, c'est vrai, dit-il, pliant son tablier et faisant le tour de l'étal pour venir me serrer la main, je suis bien le major Eckenfelder. Maintenant, vous voyez, je suis Eckenfelder le boucher. Je suis revenu travailler ici. » Avec un geste éloquent digne des temps anciens à Trochu, il m'offrit un siège dans une petite pièce située à l'arrière du magasin où il tenait sa comptabilité. De ses lèvres, j'appris l'histoire fantastique de ce village canadien de ranchers... [10]

Dans son texte intitulé *A Visit to Three Front, 1916*, Sir Arthur Conan Doyle écrivit au sujet d'Eckenfelder :

Les officiers français au-dessus d'un certain rang développent et montrent leur individualité. Parmi les grades plus bas, les conditions de service renforcent une certaine uniformité. L'officier britannique est un homme du monde britannique d'abord et un officier ensuite. Le Français est un officier d'abord, tout en étant pas moins un homme du monde. Toutefois, nous avons rencontré un type très étrange dans les bois de l'Argonne. C'était un Canadien Français qui avait été un soldat français, qui avait défriché des terres en Alberta et était revenu se battre de son plein gré pour son drapeau, tout en étant devenu citoyen britannique. Il parlait anglais d'une certaine façon. Il parlait beaucoup, avec des tournures de l'Ouest. Ses opinions sur les Allemands étaient des plus emphatiques. « Ces fils de c – bon disons de canins » criait-il, montrant le poing au Nord des bois. C'était un homme bien, car il portait une toute récente Légion d'honneur épinglée sur sa poitrine. Il était resté avec quelques hommes sur la Colline 28, une sorte de volcan remplie de mines. On lui avait dit de téléphoner quand il aurait besoin d'être relevé. Il refusa de téléphoner et resta à cet endroit pendant trois semaines. « Nous étions comme des lièvres dans leurs terriers » expliqua-t-il. Il n'avait qu'une seule plainte. Il y avait beaucoup de sangliers dans la forêt, mais l'infanterie était trop occupée pour les chasser... De sa poche, il sortit une photo d'une maison de bois avec de la neige autour et une femme avec deux enfants sur la véranda. C'était sa maison à Trochu, à soixante-dix miles au nord de Calgary. [11]

Eckenfelder ne resta pas boucher très longtemps à Trochu. Un incendie détruisit son magasin. Il quitta l'endroit et travailla comme inspecteur des fourrures auprès du gouvernement albertain à Edmonton. Son épouse et ses enfants le rejoignirent en 1922. Sa santé ébranlée au cours de la guerre et la recrudescence d'un problème cardiaque dont il souffrait depuis l'adolescence firent qu'il succomba à une mauvaise grippe à l'âge de cinquante et un ans seulement. Il fut enterré à Edmonton avec tous les honneurs militaires en 1923.

Edgar Papillard, qui avait dirigé le grand magasin général des Brutuille avant leur départ pour la France, en reprit la direction à son retour, après avoir racheté leurs parts à ses deux partenaires, Hardoin de Reinach-Werth et Teodoro Teodoli. Papillard épousa Philomène Butruille, le 13 mars 1920 à Calgary. Ils s'installèrent dans l'ancienne maison de Joseph Devilder. Le couple géra le magasin pendant une année avant que ce dernier, comme la boucherie, fût détruit par un incendie qui débuta au rez-de-chaussée. N'étant pas intéressés à le faire reconstruire et voyant là un signe du destin, Edgar et Philomène Papillard repartirent vivre en France, après avoir vendu leurs terres à la famille Frère qui resta à Trochu.

Du groupe des aristocrates arrivé en 1904, seuls le comte et la comtesse Paul de Beaudrap restèrent dans la région, au ranch Jeanne d'Arc avec leurs enfants qui se marièrent et firent souche. Quand les Beaudrap prirent leur retraite, ils vinrent vivre à Trochu même et y décédèrent, Yvonne, en 1942, et Paul, en 1944.

C'était l'épilogue du développement historique de Trochu. Au cours des années qui suivirent, certains vestiges du passé, tels que maisons et magasins disparurent complètement, d'autres existent encore.

Le ranch Jeanne d'Arc est toujours là, mais n'appartient plus à la famille de Beaudrap dont l'un des descendants, Jacques, vit près de Trochu. Le ranch St. Ann qui appartenait alors à Ernest et Martha Frère fut racheté et rénové en 1971 par leur petit-fils Louis et son épouse Lorene. Il fut reconnu comme site historique provincial en 1989. Dix bâtiments historiques ont été rénovés. Parmi eux, se trouvent le premier hôpital et l'école des sœurs de la Charité d'Evron, la poste dont s'occupait Armand

Trochu, le relais, le local du maréchal-ferrant et la cabane en rondin d'Eckenfelder. Il y a également un centre d'informations qui fut la première maison de la famille Frère et qui contient la collection considérable de Louis et Lorene, regroupant des lettres, des journaux et plus de mille photographies et objets ayant appartenu aux premières familles qui arrivèrent à Trochu. La maison de Devilder au ranch St. Ann a été transformée en gîte touristique par Louis et Lorene et reprise en 2000 par leur fils Tom et son épouse Holly qui continuent à diriger cet établissement. Ils accueillent parfois les descendants directs et indirects des pionniers français qui fondèrent Trochu. Curieux de voir où leurs ancêtres s'étaient installés, ces touristes visitent le village avec émotion, étonnement et amusement. Le musée, au centre du village, situé dans ce qui fut les premiers bureaux municipaux, est dirigé par la Société historique locale. On y conserve une impressionnante compilation de photos portant sur les débuts de Trochu et de l'exploitation des mines de charbon des alentours, ainsi qu'une collection d'os de dinosaures trouvés dans la région. À l'arrière du musée, dans un petit bâtiment indépendant, se trouve la vieille presse du journal de Trochu, le *Trochu Tribune*, qui rapporta fidèlement pendant des années tous les événements et faits divers qui survinrent à Trochu, devenu actuellement un centre important de vente de machinerie agricole. Des peintures d'Armand Trochu, du bac ou Ferry Blériot et des sœurs de la Charité d'Evron se retrouvent sur plusieurs édifices. En dehors du village, dans les champs, les ruisseaux qui alimentèrent en eau les premiers pionniers de Trochu Valley, coulent toujours, témoins symboliques du déroulement de l'Histoire.

Léon Eckenfelder (1917)

Edgar Papillard

François de Torquat

Hubert de Vautibault

Le comte et la comtesse Paul de Beaudrap et leurs enfants

Le captaine Roger de Beaudrap

Le lieutenant François de Torquat de la Coulerie

Raoul de Preaulx dans l'infanterie comme lieutenant commandant de la
22ᵉ compagnie du 290ᵉ régiment d'infanterie

ÉPILOGUE

Les deux groupes d'aristocrates qui vinrent dans l'Ouest avaient eu à leur tête deux hommes très différents l'un de l'autre. En Saskatchewan, Rudolf Meyer fut toléré par les gens locaux qui le virent quitter les lieux sans aucun regret. Armand Trochu fut très apprécié en Alberta. Les Autochtones lui avaient même attribué le surnom de « celui qui sait se faire aimer ».

La contribution des aristocrates français et de leurs amis roturiers au développement de l'Ouest représente une vibrante page d'Histoire. Les événements divers, inattendus, amusants, les histoires et anecdotes banales ou surprenantes, perdurent à travers le temps. Les descriptions colorées et pittoresques soulignent la bonne volonté incommensurable et l'enthousiasme flagrant de ces pionniers. Ils rencontrèrent les mêmes problèmes, connurent les mêmes échecs que ceux de toute nationalité et de tous antécédents qui s'aventurèrent dans cette partie du pays. Grâce à leur vision et à leur persévérance, ces pionniers sortant de l'ordinaire laissèrent dans leur sillage des témoignages qui s'intègrent, non seulement à la mosaïque culturelle et économique de notre pays, mais aussi à la préservation de notre passé.

Whitewood, La Rolanderie et Saint-Hubert en Saskatchewan, Trochu, le ranch St. Ann et le ranch Jeanne d'Arc en Alberta, ces noms évoqueront toujours les efforts des hommes et des femmes qui s'y installèrent. À cela s'ajoutent la gaîté, l'élégance, l'insouciance parfois et le charme certain de ce sang bleu qui contribua à sa façon à l'essor de l'ouest du Canada.

FIN

NOTES BIBLIOGRAPHIQUES

Chapitre 1 : Rudolf Hermann Meyer

1. Amiel, Frédéric Henri; Gagnebin, Bernard; Monnier, Philippe, *Journal intime : juin 1874 - mars 1877*, p. 166
2. Le *Correspondant*, Volume 141, 1885, p. 349
3. *Compte-rendu des travaux par la Société Biographique*, Paris, travaux du Congrès, première section, 1888, p. 208
4. *Correspondance de Marx-Engels 1879, lettre de Karl Marx à Rudolf Meyer, Londres, le 28 mai 1879.* MECW Volume 45, p. 359, traduction
5. *Correspondance de Marx-Engels 1879, lettre de Karl Marx à Rudolf Meyer, Londres, le 7 août 1879.* MECW Volume 45, p. non indiquée, traduction
6. Karl Marx (1818-1883) avec Engels, Critique de « *La philosophie du droit* » de Hegel, 1844
7. Beck, Earl, *German Tourists in Florida, A Two Century Record, 1981*, p. 167
8. *La Revue d'économie sociale et rurale, volume 7, Société d'économie sociale, séance du 10 mars 1884, rapport présenté par Gabriel Ardant. Discussion à laquelle ont pris part MM. Rudolf Meyer et Ferdinand Dutal*, p. 586.
9. *Les artisans de la réconciliation sociale - discours d'Albert de Mun*, volume 1, 1884, p. 378
10. *La Revue socialiste, syndicaliste et coopérative*, volume 4, 1886, p. 625
11. Idem, volume 4, 1886, p. 184
12. Bertin, Jacques, *Du vent, Gatine, Un rêve américain*, Les éditions Arléa, Paris, 1989, p. 35

Chapitre 2 : Arrivée en Saskatchewan

1. Frémont, Donatien, *Les Français dans l'Ouest canadien*, Éditions du Blé, St. Boniface, Manitoba, 1980, p. 64
2. Hewlett, A.E.M., *The Leader-Post*, 5 mai, 1954

Chapitre 3 : Projets et déboires

1. Hewlett, A.E.M., *The Leader-Post, Regina, The French Counts of St. Hubert*, May 6, 1954.
2. Hewlett, A.E.M., *The French Counts of St. Hubert*, manuscrit non publié
3. Frémont, Donatien, *Les Français dans l'ouest canadien*. Les Éditions du Blé, St. Boniface, Manitoba, 1980, p. 84
4. Idem, p. 86
5. Madame Frank Jordens, *Notes et renseignements glanés au hasard des occasions pour aider à l'histoire des commencements de la paroisse de Saint-Hubert*, 9 octobre 1953, p. 3
6. Melville-Ness, T.R., *The Leader-Post, Regina, Dream of Frenchmen for Whitewood Industry ends in Disappointment*, 1954
7. Idem
8. Idem

Chapitre 4 : Fondation de la paroisse de Saint-Hubert et vie mondaine

1. Madame Frank Jordens, *Notes et renseignements glanés au hasard des occasions pour aider à l'histoire des commencements de la paroisse de Saint-Hubert, 9 octobre 1953*
2. Hewlett, A.E.M., *The French Counts of St. Hubert*, manuscrit non publié

3. Madame Frank Jordens, *Notes et renseignements glanés au hasard des occasions pour aider à l'histoire des commencements de la paroisse de Saint-Hubert*, 9 octobre 1953

4. Idem

5. Hewlett, A.E.M., *Souvenirs de madame Parks, The French Counts of St. Hubert, White kid gloves and all*, 1954

6. Idem

7. Idem

8. Park, L.W., *Early French Settlement in Whitewood and District*, The Whitewood Herald - Regina, Archives de la Saskatchewan. Original publié à Whitewood en octobre 1940. Traduction.

9. Madame Frank Jordens, *Notes et renseignements glanés au hasard des occasions pour aider à l'histoire des commencements de la paroisse de Saint-Hubert*, 9 octobre 1953

10. Idem

11. Lettre de la comtesse de Salvaing de Boissieu, datée du 14 septembre 1891, archives privées du vicomte Bertrand de Lesquen du Plessis Casso

12. Idem

13. Madame Frank Jordens, *Notes et renseignements glanés au hasard des occasions pour aider à l'histoire des commencements de la paroisse de Saint-Hubert*, 9 octobre 1953

Chapitre 5 : Contribution des comtes de Saint-Hubert au développement de l'Ouest

1. Hewlett, A.E.M., *The Leader-Post, Regina, The French Counts of St. Hubert*, 5 May 1954

2. Idem, 7 May 1954

Chapitre 6 : Arrivée en Alberta

1. Rivarol, Hebdomadaire de l'opposition nationale et européenne, *Il y a cent ans, l'expulsion des Frères...* 28 mai 2004

2. Hugo, Victor, *L'année terrible, janvier 1871, poème XII*

3. Trochu, Armand, *Lettre*, Calgary, 24 mai 1902, collection privée de Louis et Lorene Frère

4. Trochu, Armand, *Lettre*, 15 juin 1903, collection privée de Louis et Lorene Frère

5. Bertin, Jacques, *Du vent, Gatine, Un rêve américain*, Éditions Arléa, Paris, 1989, p. 35

6. Eckenfelder, Léon, *Lettre*, 4 juin 1905, collection privée de Louis et Lorene Frère

7. *Prêtres de Sainte-Marie de Tinchebray dans l'Alberta*, collection privée de Louis et Lorene Frère

8. Idem

9. Bertin, Jacques, *Du vent, Gatine, Un rêve américain*, Éditions Arléa, Paris, 1989, p. 83

Chapitre 7 : Avatars

1. Beaudrap de, Paul, *Journal*, Archives du Musée Glenbow, Calgary, 1906

2. *Les prêtres de Sainte-Marie de Tinchebray dans l'Alberta*, collection privée de Louis et Lorene Frère

3. Idem

4. Trochu, Armand, *Lettre incomplète*, 1906, collection privée de Louis et Lorene Frère

5. Dodd, Ned, *Remember When, The History of Trochu and District*, 1975, p. 14

6. Trochu, Armand, *Lettre*, 24 février 1906, collection privée de Louis et Lorene Frère

7. Dodd, Ned, Remember When, *The History of Trochu and District*, 1975, p. 144
8. Eckenfelder, Léon, *Lettre*, 15 juillet 1906, collection privée de Louis et Lorene Frère

Chapitre 8 : Développement de Trochu Valley

1. Trochu Armand, *Lettre*, 19 juin 1906, collection privée de Louis et Lorene Frère
2. Trochu, Marguerite (Guite), *Lettre*, 29 février 1908, collection privée de Louis et Lorene Frère
3. *Les prêtres de Sainte-Marie de Tinchebray dans l'Alberta*, collection privée de Louis et Lorene Frère
4. Frémond, Donatien, *Les Français dans l'ouest canadien*, Les éditions du Blé, St. Boniface, 1980, p. 130
5. *Charles Léon Eckenfelder*, collection privée de Louis et Lorene Frère
6. Trochu Marguerite (Guite) *Lettre*, St-Ann Ranch, 8 octobre 1907, collection privée de Louis et Lorene Frère
7. Eckenfelder, Léon, *Lettre*, 4 décembre 1910, collection privée de Louis et Lorene Frère
8. *Armand Trochu et le 90e anniversaire de la fondation de Trochu*, collection privée de Louis et Lorene Frère
9. The Red Deer Advocate, 17 January 1908
10. Trochu, Lucie, *Lettre*, 27 janvier 1909, collection privée de Louis et Lorene Frère

Chapitre 9 : Vie à Trochu

1. *Les sœurs de la Charité de Notre-Dame d'Evron, Extrait de l'ouvrage de l'abbé Augustin Ceuneau « Un compagnon de Grandin » Le R.P. Alphonse-Hippolyte Leduc, o.m.i, 1842-1918*, collection privée de Louis et Lorene Frère

2. Flood, Chuck, *Flying Machine Tried in Alberta*, Lethbridge Herald, October 7, 1910

3   *Charles Léon Eckenfelder*, collection privée de Louis et Lorene Frère

4. Idem

5. Trochu Armand, *Lettre adressée à Sir Wilfrid Laurier, 20 mars 1911, Archives publiques du Canada, Research Paper submitted to the Faculty of Graduate Studies in Partial Fulfilment of the Requiments for the degree of Master of Arts*, McGill University, P.A. Shandro, 1974

6. *The New York Times*, 26 June 1912

7. Eckenfelder, Léon, *Lettre*, 2 avril 1905, collection privée de Louis et Lorene Frère

8. Bertin, Jacques, *Du vent, Gatine, Un rêve américain*, Éditions Arléa, Paris, 1989, p. 168

9. Eckenfelder, Léon, *Lettre*, 9 février 1914, collection privée de Louis et Lorene Frère

10. Eckenfelder, Léon, *Lettre*, 13 mai 1913, collection privée de Louis et Lorene Frère

Chapitre 10 : Trochu et la Première Guerre mondiale

1. Bertin, Jacques, *Du vent, Gatine! Un rêve américain*, Éditions Arléa, Paris, 1989, p. 157

2. Archives privées d'Annick de Torquat de la Coulerie, épouse du général François de Torquat de la Coulerie-fils du lieutenant François de Torquat de la Coulerie et de Magdeleine de Beaudrap

3. Barrès, Maurice, *Les diverses familles spirituelles de la France (1917)*, Éditions Vital Rambaud et Denis Pernot, chapitre III

4. Le Maresquier, Erik, *L'approvisionnement des chevaux pendant la guerre de 1914-1918*, pp. 295-296

5. Trochu, Armand, *Lettre*, 22 octobre 1914, collection privée de Louis et Lorene Frère

6. Trochu, Armand, *Lettre*, 26 juin 1915, collection privée de Louis et Lorene Frère

7. *Histoire de la famille de Preaulx ou de Preaux du XIe siècle à nos jours (1066-1904)* éditée en 1935 pour les seuls membres de la famille de Preaux à Dijon par l'imprimerie Bernigaut et Privat, p. 98

8. Bertin, Jacques, *Du vent, Gatine! Un rêve américain*, Éditions Arléa, Paris, 1989, pp.166 -167

9. Idem, p. 175

10. *New-York Tribune*, 1866-1924, 22 August 1920, Library of Congress

11. Sir Arthur Conan Doyle, *A Visit to Three Fronts*, June 1916, Project Guttenberg

BIBLIOGRAPHIE SÉLECTIVE

The Beaver, France on the Prairies, 284 (4) : 3 - 7, 1954

Dodd, Ned, *Remember when, The Story of Trochu and District*, published by Trochu Historical Committee, 1975

Douglas Francis, Kitzan Chris, *The Prairie West as promised land*, University of Calgary Press, 2007

Frémont, Donatien, *Les Français dans l'Ouest canadien.* Les Éditions du Blé, St. Boniface, Manitoba, 1980

Guitard, Michelle, *La Rolanderie, Saskatchewan History, 30 (3) : 110-114*, 1977

Hewlett, A.E.M., *French Counts of Whitewood. Unpublished manuscript, Arthur Morton Manuscripts Collection, Adam Short Library of Canadiana, University of Saskatchewan Archives.*

Humpheries, Ruth, *Dr. Rudolph Meyer and the French Nobility of Assiniboia. The Beaver 309 (1) : 16-23*, 1978

MacEwan, Grant, *Les Franco-Canadiens dans l'Ouest*, Les Éditions des Plaines, 1984

Memories of St. Hubert, 1980, printed in Whitewood, Saskatchewan

Padover, Saul K., *Karl Marx, an intimate biography*, McGraw-Hill Book Company, 1978

Whenn Francis, *Karl Marx*, Fourth Estate Limited, London, 1999

LISTE DES NOMS DE FAMILLE

Saskatchewan - (1884 ou 1885 - 1903) La Rolanderie, Whitewood et ses environs

Liste des pionniers aristocrates et de leurs amis roturiers qui fondèrent la première société de La Rolanderie et la paroisse de Saint-Hubert

Rudolf Meyer

Émile Renoult

Comte et comtesse Yves de Roffignac, née Germaine de Salvaing de Boissieu

Comte et comtesse Jean de Jumilhac

Comte Henri de Veyre de Soras

André de Ganay ou Gagnay

Comte et comtesse Xavier-Jules de Beaulincourt, née Marie-Thérèse de Foulques

Robert Wolff

Comte Joseph de Pradal de Farguettes

Vicomte, plus tard comte Joseph de Langle, née Marguerite Dufour de Quitteville

Vicomte Alphonse de Seyssel-Sothonod, née Julie Gay-Pètre

Comte Maximilien de Chauveau de Quercize

Émile Jannet (fils d'un grand négociant en champagne)

Guillaume de Rotz de la Madelaine

Comte et comtesse Paul de Beaudrap, née Yvonne Ribard

De Belgique : le baron van Brabant, son épouse Matilde et le frère du baron. Prénoms inconnus pour les frères.

Prêtres impliqués dans la paroisse de Saint-Hubert :

Père Nayrolle

Père Benjamin Fallourd

Père Léon Muller

Visites ou séjours fréquents à La Rolanderie

Famille Le Bidan de Saint-Mars

M. de Miniac

Léon de Tinseau, écrivain

François Dunand et M. Bajolain, fromagers

Charles de La Forest Divonne

Gonzague Legouz de Saint-Seine

Vicomte Pierre de Pronleroy du Perche

M. O'Diette ?? Apparenté au marquis de Foucauld-Lardimalie, cousin éloigné du célèbre Charles de Foucauld, explorateur et missionnaire

M. Carnoy, dépêché de France par les actionnaires de société de la « Rolanderie Farming and Stock Raising Company » inquiets pour leurs investissements financiers

Comte Esterhazy

Professeur William Saunders de la ferme expérimentale d'Ottawa

Baron de Ravignan

Baron et baronne Maurice de Salvaing de Boissieu

Monsieur de Mons?

Monsieur de Magallon?

Monsieur de Castellane

Monsieur de Noirmont, ou Niermont ou Nirmont

Baron Christian Uytendale de Bretton

Liste des actionnaires en France de la seconde société appelée « Rolanderie Farming & Stock raising company » telle que rapportée dans le journal *Le Manitoba*, 29 avril 1891

Henri de Roffignac, frère du comte Yves de Roffignac, Martial de Roffignac, cousin

Comte de Salvaing de Boissieu

Comte de La Lande

Vicomtesse de Béranger

Mademoiselle de Thury

Mademoiselle Dinaux des Arsis

Monsieur Dinaux des Arsis, lieutenant de cavalerie

Monsieur de Saint-Sauveur-Bougainville, lieutenant de vaisseau

Baron Roland de Blonsac

Comte André de Ganay

Comtesse de Chabrillan, épouse après veuvage du marquis de la Tour du Pin la Charce

Marquis de Montault

Henri Lorin

Albert de Mun

Madame Le Play, épouse de l'organisateur de l'Exposition universelle de 1867

**Fondateurs de Trochu ou impliqués quelque temps dans sa fondation ou visiteurs
(1904 - 1914)**

Armand Trochu, neveu du général Louis-Jules Trochu, gouverneur de Paris lors de la guerre franco-prussienne de 1870

Comte et comtesse Paul de Beaudrap

Capitaine Roger de Beaudrap (Légion d'honneur 1900)

Lieutenant François de Torquat de la Coulerie, 1 citation, Tableau d'honneur de la guerre de 1914-1918

Comte Louis de Mallet de Chauny, sa mère, ses sœurs et son frère

Georges Tabary

Edgar Papillard

Vicomte Raoul de Preaulx, Légion d'honneur

Joseph Devilder

Marc de Cathelineau, sa mère et ses sœurs

Louis Sculier, étudiant en médecine

Marquis de Roderel de Seilhac, Légion d'honneur

Capitaine Léon Eckenfelder, épousa à Trochu Valentine Figarol, commandant de bataillon pendant trois ans dans l'Argonne, Légion d'honneur et 2 citations. Enterré avec tous les honneurs militaires, Edmonton en 1923

Teodoro Teodoli, aristocrate italien

Baron Hardouin de Reinach-Werth

Jean et Philomène Butruille, de la famille des brasseurs de Lille

Guy de Vautibault, Croix de guerre

Hubert de Vautibault, Croix de guerre

Cécile Eckenfelder, fille de L. Eckenfelder, écrivit ses souvenirs

Comte et comtesse de Foras, habitaient un ranch à High River, leur fille Odette devint une célèbre chanteuse d'opéra au Canada et à Londres

M. et Mme Martin-Zédé, deux ans de séjour à Trochu. Étaient-ils de la famille de Georges Martin-Zédé, ami d'Henri Menier (chocolat). Ce dernier acheta une île au Québec (l'île d'Anticosti) que G. Martin-Zédé administra. L'île fut revendue plus tard au gouvernement du Québec.

André et Michel Blériot, frères du célèbre aviateur, avaient un ranch à proximité de Trochu. André Blériot fut chargé de la construction du bac qui porta son nom.

Louis Blériot, célèbre aviateur. Lors d'un séjour chez ses frères, testa son premier monoplan près de Trochu, événement rapporté dans un journal de l'époque. Sa mère, née Clémence Candeliez, fit des demandes de *homestead* auprès du gouvernement sous le titre de comtesse (?)

Marquis Raoul de Roussy de Sales (dix ans à Calgary) dont le fils François (avocat) épousa la fille des Butruille à Calgary

Colonel Féline, prénom inconnu

Ernest Frère

Prêtres

Père Henri Voisin

Père Pierre Bazin

Père Hyppolite Leduc

Père Ciron

Tous de l'Institut Sainte-Marie de Tincheray, Basse-Normandie

Sœurs

Plusieurs sœurs de la Charité de Notre Dame d'Evron

Mère supérieure Marie-Louise Recton

Elles firent bâtir un hôpital, une école et un couvent à Trochu

TABLE DES MATIÈRES